ECKART WITZIGMANN
Sechs Jahrzehnte

C.P. Fischer
Mechthild Piepenbrock-Fischer

Aber keine Biografie …

… das stand für Eckart Witzigmann von Anfang an fest. Nein, eine Biografie war auch nicht geplant. Dieses Buch sollte vielmehr einen Bogen spannen über die kulinarische Revolution, die Witzigmann in Gang gesetzt hatte. Seine ersten, aufsehenerregenden Kreationen im Tantris, seine Highlights aus der Aubergine und seine sensationellen Neuschöpfungen von heute. Dazu ein paar Einblicke in sein Leben, ein paar Hintergründe, seine Visionen. Er war einverstanden. Aber wer Witzigmann kennt, weiß dass er der Wandel in Person ist. Nichts ist heute so, wie es gestern schien. „Ich hab da noch ein paar Fotos gefunden, die müssen unbedingt rein … das war ein wichtiger Augenblick … und diesen Menschen habe ich viel zu verdanken…"
Wir änderten die Struktur, erweiterten um einen Bogen, änderten wieder, erweiterten wieder. Irgendwann war auch EW, wie ihn seine Freunde nennen, zufrieden. „Ich glaub, das Wichtigste haben wir jetzt." Und so entstand ein sehr persönliches Buch, das nicht nur den Koch des Jahrhunderts in seinen Kreationen ehrt, sondern viele Facetten seiner Persönlichkeit aufzeigt. Nicht zuletzt durch die sehr individuellen Artikel, die Freunde und Wegbegleiter Witzigmanns für ihn geschrieben haben. Ihnen allen danken wir sehr, sie haben dazu beigetragen, eine Institution lebendig zu machen.
Er ist der legendäre Koch, der Maßstäbe für eine ganze Generation junger Köche setzte, er ist der Mann, der das deutsche Küchenwunder schuf, er ist aktiv und kreativ wie vor dreißig Jahren – Eckart Witzigmann. Ein Mythos? Vielleicht. Aber ein sehr lebendiger!

U. Piepenbrock-Fischer

Kochen ist Liebe – Liebe ist Leidenschaft – Kunst ist auch Leidenschaft – also ist Kochen leidenschaftliche Kunst

Solange ich denken kann, wollte ich Koch werden. Koch und Gastgeber, denn beides gehört für mich untrennbar zusammen. Beides bin ich geworden, und ich war es immer gern – Kochen und Gästeverwöhnen ist nun mal meine große Liebe, meine Leidenschaft.

Nun bin ich sechzig und soll das Vorwort für dieses Buch schreiben. Als Peter Fischer mich fragte, ob wir dieses Buch gemeinsam machen wollten, fand ich die Idee reizvoll, ohne zu ahnen, was da auf mich zukommen würde. Wir begannen mit der Arbeit, und plötzlich wurden Erinnerungen lebendig. Die einzelnen Phasen meines Lebens standen wieder deutlich vor mir: meine großen, wunderbaren Lehrer, meine begabten Schüler, Verwandte, Freunde und Bekannte aus vielen Jahren, Höhepunkte und Tiefschläge, Berufliches und Privates. Mal musste ich schmunzeln, mal wurden die Gedanken ernster. Aber alles in allem erfüllte mich dieser persönliche Rückblick mit Dankbarkeit für all die wunderbaren Dinge, die ich tun und erleben durfte. Wenn ich heute noch einmal von vorne anfangen könnte: ich würde nicht vieles anders machen!

Mit großer Freude sah ich, wie viele meiner Weggenossen sich für mich und mein Buch an die Schreibmaschine gesetzt und gemeinsame Erlebnisse aufgezeichnet haben. Euch allen ganz herzlichen Dank.

Das größte Dankeschön geht an meinem lieben Freund Hans Haas und sein Team vom Tantris; sie haben Peter Fischer, Steffen Kimmig, Roland Trettl und mich bei den Fotoaufnahmen nicht nur ertragen, sie haben uns mehr als unterstützt. Danke, Ihr seid leidenschaftliche Köche mit viel Geduld oder auch geduldige Köche mit viel Leidenschaft! Bei Euch stimmt Otto Flakes Wort:

Leidenschaft, die nicht geduldig ist, kann nie Liebe werden

Eckart Witzigmann

Copyright	© 2001 by food edition Fischer-Piepenbrock D-80469 München Buttermelcherstraße 16
Autoren	Mechthild Piepenbrock-Fischer und C.P. Fischer
Food Fotografie und Gestaltung	C.P. Fischer unter Mitarbeit von Michaela Auer und Sara Mautner
Rezepte und private Fotos	Eckardt Witzigmann
Redaktion	Mechthild Piepenbrock-Fischer unter Mitarbeit von Johannes Schweikle, Ulrike Bültjer, Ingrid Kaufmann, Tatjana Meierhofer und Ines Pils
Requisite	Françoise Black
Lithographie	media one Werbeproduktionen GmbH D-81241 München
Herstellung	Werner Seidl
Druck	Grafische Kunstanstalt & Verlag Jos. C. Huber KG D-86911 Dießen/Ammersee
Produktion, Herstellung und Vertrieb	FOOD PROMOTION GmbH Buttermelcherstraße 16, D-80469 München
Telefon	089-200 2713
Telefax	089-200 27150
e-mail	info@fp-food.de
Internet	www.fp-food.de

Das Werk einschließlich aller seiner Teile ist urheberrechtlich geschützt. Jede Verwertung außerhalb der engen Grenzen des Urheberrechtsgesetzes ist ohne Zustimmung des Verlages unzulässig und somit strafbar. Das gilt insbesondere für Vervielfältigungen, Übersetzungen, Mikroverfilmungen sowie die Einspeisung und Verarbeitung in elektronischen Systemen.

ISBN 3-930614-04-9

Wie er aufwuchs, wo er lernte und wie er alles umsetzte	**Eckart Witzigmann**	**10-29**
Wie er nach München kam und die deutsche Küche revolutionierte	**Klassische Rezepte aus dem Tantris**	**30-69**
Wie er München zum Mekka für Feinschmecker machte	**Spektakuläre Rezepte aus der Aubergine**	**74-161**
Wer zu seinen Freunden zählt und wer zu Gast bei ihm war	**Einblicke ins Gästebuch**	**102-105**
Was er in fremden Ländern und an fremden Töpfen so alles erlebte	**Kulinarische Exkursionen**	**118-121**
Wie man ihm national und international Anerkennung entgegenbrachte	**Auszeichnungen und Ehrungen**	**166-169**
Wie er heute die Küche beeinflusst und zeitgemäß verjüngt	**Sensationelle Rezepte der neuen Art**	**170-223**
Wie er die Zukunft sieht und was er für wichtg hält	**Seine Visionen**	**224-227**
Wo Sie alles finden: Die Rezepte und die persönlichen Beiträge seiner Wegbegleiter	**Register**	**230**

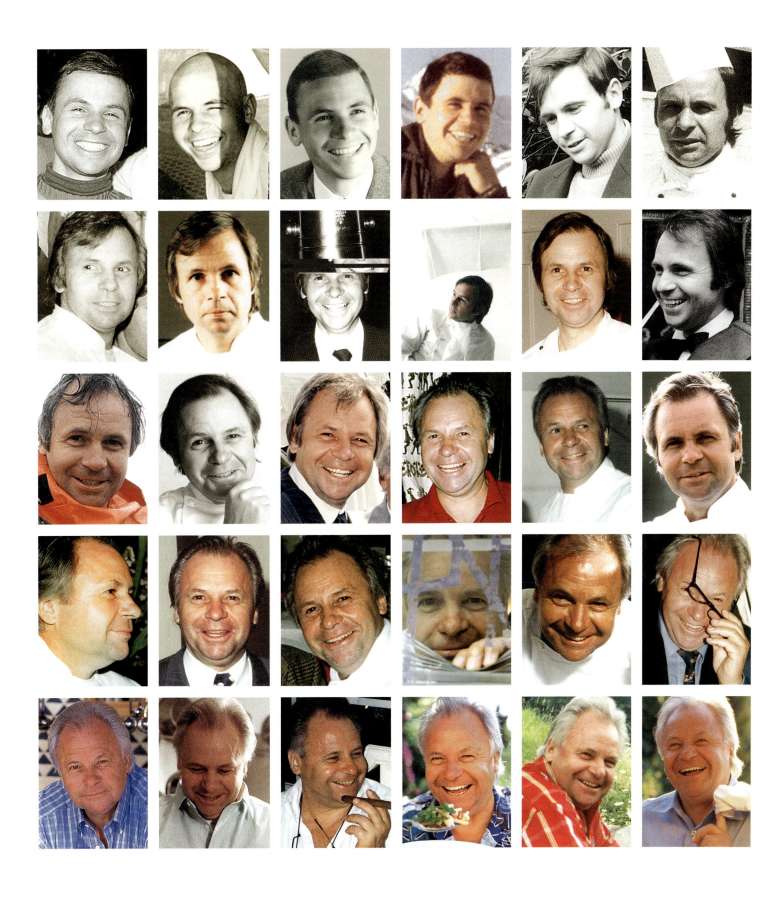

Eckart Witzigmann –
Als Meister wird man nicht geboren

Alois und Maria Witzigmann am Tage ihrer Verlobung. Ein paar Jahre später die glückliche Mutter mit dem wonnigen kleinen Eckart. Unten das Elternhaus, in dem er so glücklich war. Noch heute empfindet er eine tiefe Bindung an Badgastein, wo er noch viele „richtig gute" Freunde hat

Die Lehre fing gut an. Am 1. Mai 1957 stand Eckart Witzigmann, knappe 16 Jahre alt, den ersten Tag in der Küche des Hotels *Straubinger* in Badgastein und sollte eine Consommé abpassieren. Der schmächtige Junge gab sich Mühe und machte das so, wie er es bei seiner Mutter gesehen hatte, wenn sie Leberreis oder Knöpfle kochte: Er schüttete die Rinderbrühe den Ausguss hinunter, im Sieb behielt er Knochen und Suppengrün zurück – es sah halt aus wie Leberreis...

Heute sitzt Eckart Witzigmann an dem großen Esstisch seiner Altbauwohnung in München und kramt in einer Kiste mit Erinnerungen. Ein altes Schwarz-Weiß-Foto zeigt die Brigade, die ernst und aufrecht hinter dem Holz- und Kohlenherd in der hohen Küche angetreten ist. Die gestärkten Kochmützen sitzen wie weiße Schlote auf den Köpfen. Das *Straubinger* gehörte zu den führenden Häusern in Badgastein, der Kurort im Salzburger Land genoss Ende der 50er Jahre Weltruf. Das *Straubinger* hatte eine eigene Konditorei und Metzgerei. Sülzen und Würste wurden selbst gemacht. Ein Dutzend Köche beschickte die drei Klassen von Restaurants: Schwemme, Stüberl, Speisesaal. Der Hotelier nebst Gattin stand am Pass und kontrollierte das Geschehen. Klassische Küche mit österreichischer Note prägte die Karte: Tafelspitz, gefüllte Kalbsbrust, Forelle blau.

Die braunen Augen unter Witzigmanns breiter Stirn wandern über die fotografisch festgehaltenen Momente seines Lebens. Erinnerungen kommen auf: an Michelin, die Mehlspeisen-Köchin, die unwiderstehliche Mehlspeisen zauberte, aber selten ein Rezept herausrückte. An Gäste, die mit Extrawünschen („Karotten ohne Salz, ich mach' Diät") die Köche nervten. An das Kreuzweh, das er vom ungewohnten Schleppen schwerer Töpfe bekam. Und natürlich an Ludwig Scheibenpflug, seinen Küchenchef. Scheibenpflug war „die" Autorität, Dipl.-Küchenmeister und Oberstudienrat, der auch an der Hotelfachschule unterrichtete „und ein guter Didakt war". Aber den jungen Eckart hatte er anfangs auf dem Kieker. Weniger wegen der Consommé, vielmehr aus Gründen der Personalpolitik: Dieser Lehrling war doch tatsächlich hinter seinem Rücken eingestellt worden. Das kam so: Vater Alois Witzigmann führte in Badgastein eine Schneiderei mit sechs Angestellten. Im Winter war Hochsaison, dann ließen sich die Gäste die berühmte Gasteiner Ski-Keilhose anmessen. Eckart musste als Laufbursche die fertige Ware austragen. Dies waren seine ersten Berührungen mit der großen Hotellerie: Der Junge in der Lederhose erlebte Portiers in eleganten Uniformen, ging ehrfürchtig über Marmor und unter Kristall, und nicht selten bekam er einen Dollar Trinkgeld. „Ich bin auf dem Land aufgewachsen", sagt Witzigmann, „aber das Leben im Weltkurort war doch wie in der Stadt".

Die Hotel-Restaurants waren damals die Sterne am Himmel der Gastronomie. Die Küchenchefs imponierten dem jungen Eckart durch ihr selbstbewusstes Auftreten. Im Ort waren sie allseits geachtete Persönlichkeiten. Die Hotelangestellten hießen bei der einheimischen Jugend „Hoteltiger". Ab und an lieferte man sich mit ihnen eine saftige Schlägerei, wenn mal wieder eines dieser Raubtiere ein Mädchen erbeutete, auf das auch ein Gasteiner ein Auge geworfen hatte, aber ansonsten kam man schon mit ihnen klar.

Wie alle Väter wünschte sich Witzigmann senior den Sohn als Nachfolger für sein Geschäft. Zur Vorbereitung hatte er ihn für zwei Jahre nach Feldkirch auf die Handelsschule geschickt. „Ich hab' das Internat gehasst wie die Pest", sagt Witzigmann, und das klingt auch mehr als 40 Jahre später noch inbrünstig. Als Eckart seinen Eltern in den großen Sommerferien eröffnete, dass er Koch werden möchte, waren sie nicht eben erbaut. Der Sohn hat noch heute die Worte des Vaters im Ohr: „Dann kannst du dir deine Lehrstelle selber suchen." Also machte sich der Junge voller Elan auf die Suche. Leider erfolglos. Aber klein beigeben wollte er auch nicht und half erst einmal als Schreiberling unter dem bekannten Kurt Bernegger bei den 'Salzburger Nach-

Bella Italia – als Vierzehnjähriger fährt Eckart mit seinen Eltern in den Ferien nach Venedig. Das war ganz etwas Anderes als die Schulausflüge in die nähere Umgebung, obwohl es dort auch immer lustig war. Ganz unten, in der ersten Reihe, steht er mit seinem Cousin Walter Ölschützer, der „mein Ersatzbruder und bester Freund war"

Links ein Bild aus unbeschwerten, glücklichen Kindertagen. Weniger glücklich war Eckart Witzigmann allerdings in den zwei Jahren auf der Handelsschule in Feldkirch. „Ich habe dieses Internat gehasst, obwohl ich da auch gute Freunde hatte. Aber das Heimweh nach Badgastein hat mich fast umgebracht."

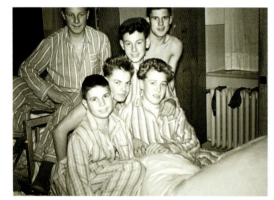

richten' aus, als es darum ging, die Ski-WM 1958 vorzubereiten. Aber Koch wollte er immer noch werden, unbedingt! Die Eltern Witzigmann hatten ein Einsehen, und irgendwann verrauchte die Enttäuschung darüber, dass der Sohn nicht in die Fußstapfen des geschätzten Schneidermeisters treten würde. Alois Witzigmann sprach für seinen Sohn beim Hoteldirektor des *Straubinger* vor. Der ließ seine Anzüge bei ihm machen. Und so bekam Küchenmeister Scheibenpflug einen Lehrling, den er ausnahmsweise nicht selbst ausgesucht hatte.

Wenn Eckart Witzigmann auf den winzigen Balkon seiner Jugendstil-Wohnung im Münchner Stadtteil Lehel tritt, kann er die Isar sehen. Im Esszimmer steht ein Wein-Klimaschrank, in den beiden Vitrinen liegen Accessoires der Esskultur: Serviettenringe mit modellierten Hummern, ein silberner Trüffelhobel, eine Terrine in Auberginen-Form. Eine ausgetrunkene Flasche „Pavillon Rouge" steht als Erinnerungsstück auf dem Schrank, eine Kristallkugel mit dem Bronzeabguss seiner Hände weist Witzigmann als einen in die „Hall of Fame des Grandes Chefes" Aufgenommenen aus. An den Wänden hängen alte Karikaturen von Zechern, Auszeichnungen und Urkunden, außergewöhnliche Speisekarten und herrliche Aquarelle, im Wohnzimmer ein Ölgemälde des Elternhauses in Badgastein, es steht in einer Siedlung, in der Nähe des Fußballplatzes.

„Die Wohnung war klein", erinnert sich Eckart Witzigmann. „Wenn ich meine Hausaufgaben gemacht habe" (er betont das wenn – offenbar war dies nicht immer der Fall), „dann in der Küche." So bekam er hautnah mit, wenn seine Mutter das Essen zubereitete: Er sah, wie sie Paprikaschoten füllte, roch den Duft des Szegediner Gulaschs, das im großen Topf köchelte. „Das Gulasch meiner Mutter", sagt der als Koch des Jahrhunderts Ausgezeichnete, „ist noch immer unerreicht. Da schwingen Gerüche und Geräusche mit, an diese Erinnerungen kommst du einfach nicht heran. Das ist fast schon tragisch für einen Koch."

Im Sommer musste der Bub im Wald Heidelbeeren sammeln, was er als Strafe empfand, im Herbst ging's in die Pilze. Bei Verwandten in Hohenems fütterte er freilaufende Hühner mit Körnern und ging mit der Mutter in den Garten, wo sie Gemüse- und Kräuterbeete pflegte. „Wer so aufwächst, lernt, die Natur und ihre Produkte zu schätzen", sagt er heute. Damals bereits wurde er, ohne es auch nur zu ahnen, für seinen späteren Beruf grundlegend geprägt: Er schmeckte mit allen Sinnen die unverfälschten Grundprodukte, die ihre wunderbaren Aromen entwickelten, weil man ihnen Zeit zum Wachsen ließ. Weil Lebensmittel kostbar waren, behandelte man sie mit Respekt. Das lernte Eckart Witzigmann auch von seinem Großvater, der eine Bäckerei hatte. „Der hat immer geschimpft, wenn man ein Brot nicht auf die angeschnittene (flache) Seite gelegt hat." Entsprechend streng war Witzigmann mit seinen Köchen im *Tantris* und in der *Aubergine*: „Ich bin sauer geworden, wenn einer eine halbe Zitrone weggeschmissen hat. Nicht, weil das mein Geld war, sondern weil man so nicht mit Produkten umgeht."

Ohne Achtung geht gar nichts!

Auf der Arbeitsplatte in Witzigmanns Küche liegen ein paar Limetten. Die Schalen sind nicht mehr ganz prall und haben einige Flecken. Ein Freund, der Fotograf Emil Perauer, hat sie ihm aus Südafrika mitgebracht, und Eckart Witzigmann weiß nicht, worüber er sich mehr freuen soll: über diese Geste oder über den intensiven Duft der Früchte. Er hält eine Limette unter die Nase, atmet tief ein, und entspanntes Wohlbehagen zieht über sein Gesicht.

Auch nach mehr als vier Jahrzehnten am Herd hat Witzigmann noch ein ehrfürchtiges Verhältnis zu den Grundprodukten. Da ist nichts Abgebrühtes, sondern fast kindliche Freude. Dankbar denkt er zurück an Herrn Bogenberger, der ihm zu *Aubergine*-Zeiten ein Milchkalb vom Bauern besorgt hat. Er erinnert sich auch genau an die eine Äsche, die

Schulausflug nach Hallein. Artig aufgereiht sitzt die Rasselbande da in dem Bähnchen; Eckart ist die Nr. 7. Auf den Fotos darunter hat schon der Ernst des Lebens begonnen. Sie wurden während der Lehrzeit aufgenommen. Und ganz ernst schaut er unten in die Kamera. Klar, Skirennen waren für ihn immer eine wichtige Sache

Auf der Terrasse des Hotel Straubinger in Badgastein lässt sich Chef Ludwig Scheibenpflug mit seiner Brigade für den Hausprospekt fotografieren. Etwas lockerer geht's allerdings zu, wenn die jungen Köche Fotos fürs private Album machen

ihm ein geschätzter Gast, Dr. Seelig, aus Oberlech mitbrachte, „so ein schöner Fisch". Und selbst die Erbsen, die sein Assistent gerade blanchiert, entlocken ihm Begeisterung. Er fischt eine aus dem Wasser, probiert und lobt das scheinbar einfache Gemüse: „Herrlich, so zart und so zuckrig. Einfach toll, wie früh es heute schon wunderbar aromatisches Gemüse am Markt gibt." Auf weiß-blauen Fliesen steht in der Mitte des Raums der Küchenblock: eine geräumige Arbeitsfläche mit integriertem Herd und Backrohr. Auf weißem Leintuch liegen ein halbes Dutzend Messer und zwei Schneidbretter, eine Batterie Flaschen steht griffbereit: Oliven- und Kürbiskernöl, Portwein-, Sherry-, Weißwein-, Apfelessig und vieles mehr. In einem Kupfertopf, der aus der *Aubergine* stammt, köchelt Hühnersuppe. An den Wänden gibt's Regale und Schränke, auch mit Arbeitsflächen. Eigentlich sieht die Küche aus wie die einer normalen Hausfrau – vielleicht ein bisschen perfekter. Auf dem Küchenbalkon wachsen Kräuter, von der Lukaskirche kommt Glockengeläut. Am Kühlschrank pappt ein gelber Merkzettel: „Rollgerste". In der Speisekammer nebenan hängen zwei Speckseiten und geräucherte Würste. Alles völlig normal.

Eckart Witzigmann probiert neue Rezepte aus: Artischockensuppe und als Hauptgericht Huhn in Estragonsauce. Bei der Arbeit an neuen Kochbüchern und anderen Veröffentlichungen lässt sich Witzigmann von einem talentierten jungen Koch, der bereits als Chef de Partie in großen Häusern gearbeitet hat, helfen. Steffen Kimmig sagt „Chef" zu ihm, Witzigmann nennt ihn Stevie. Auch der Handwerker, der in der Wohnung alles Nötige richtet, sagt „Chef".

Lehrjahre sind keine Herrenjahre!

Bei seinem ersten Küchenchef im *Straubinger* war Eckart Witzigmann dann doch bald sehr beliebt. Der Lehrling kam auch an seinem freien Tag und blieb abends bis zuletzt. Er

wollte alles lernen, was ein Koch können und wissen muss: wie man einen Kalbsschlegel auslöst, wie ein Auflauf gelingt, was in die Leberwurst kommt. Auch die Arbeit auf dem traditionell unbeliebten Gemüseposten machte seinem Eifer nicht den Garaus. Er tournierte und schnippelte comme il faut, und in der Zwischensaison schmirgelte er Heizkörper in den Hotelzimmern. Seine Mutter erkannte ihren Sohn nicht wieder, der früher kein Freund von Hausaufgaben war: Jetzt brütete er so lange über seinen Büchern für die Berufsschule in Salzburg, dass sie ihn nachts mahnte, Schluss zu machen mit der Lernerei. „Der Eckart war unglaublich ehrgeizig", erinnert sich Adi Werner, der allseits bekannte Hotelier aus St. Christoph am Arlberg, der in den 50er Jahren seine ersten Stationen in Badgastein hatte. Die Jungs aus Küche und Service spielten in einer eigenen Fußballmannschaft, und Werner war der Kapitän. Eckart Witzigmann war eigentlich ein paar Jahre zu jung zum Mitspielen, außerdem klein von Statur. Doch als Adi Werner sich bei Schneidermeister Witzigmann einen Anzug maßschneidern ließ, machte der mit ihm einen Handel: Wenn er seinen Sohn mitspielen lässt, gibt's den Anzug billiger. Der Mannschaft gereichte das nicht zum Nachteil. „Wenn der Eckart auf dem Platz war", sagt Werner, „ist er gerannt bis zum Herzflimmern."

Seine zweite sportliche Leidenschaft war das Skifahren. Die österreichische Nationalmannschaft trainierte regelmäßig im Gasteiner Tal. Das spornte an. Eckart Witzigmann gewann mit sechs Jahren sein erstes Skirennen. Und noch heute zeigt sein Gesicht zwischen den Slalomstangen höchste Konzentration und natürlich Ehrgeiz, wenn er alljährlich beim „Großen Köcherennen" in Kitzbühel mit den Kollegen um den 'San-Pellegrino-Cup' fährt.

Doch genauso genießt er hinterher die entspannte Runde auf der Hütte. Da geht er im Kreis seiner Spezln auf, dann strahlt sein Gesicht vor unbefangener Lebensfreude, von keiner Enttäuschung der Welt angekränkelt. Der Drei-Sterne-Koch schwärmt noch immer von Tante Emma, die in

Das Hotel Straubinger, eine der besten Adressen der Stadt, war für Witzigmann die erste Station seines beruflichen Werdegangs. Hier absolvierte er eine recht strenge Lehre, hier wurde das Fundament für eine große Karriere geschaffen und die Liebe zum Beruf geweckt. Voller Dankbarkeit denkt er heute daran zurück

Sport war immer gut. Ob mit Friedel Bader und Heinz Brunnmaier auf den Brettern oder beim Kampf (mit anschließender Feier) um den Pokalsieg. Viel Spaß gab's auch in Axelmannstein. Links unten mit seinem Freund Norbert Becker, rechts mit der Brigade und dem lebenden Glücksschwein

Badgastein eine Gaststube hatte. Tante Emma stand mit blauer Kittelschürze hinter dem Tresen, an den beiden Tischen saßen Skilehrer und Einheimische. Sperrstunde gab es nicht, „der Rekord von mir und meinem Cousin Walter lag bei 14 Jagertee pro Nase".

Bei der Gesellenprüfung in Salzburg trat Witzigmann recht forsch auf. Er hatte ja drei Jahre lang überaus strebsam gelernt. Der Prüfer wies ihn an, den Braten tiefer zu spicken. „Ich kann ja nicht in den Knochen spicken", blaffte der Prüfling zurück. Zu allem Überfluss war er auch noch unglücklich verliebt, was seiner Konzentration nicht sehr förderlich war. Am Ende rasselte er durch die Prüfung. Es tröstete ihn wenig, dass „sie" – der Grund für die unglückliche Liebe – ebenfalls durchfiel. „Dass ich nicht bestanden hatte, daran hatte ich lange zu kauen", sagt er heute, „das hat mich an der Ehre getroffen". Im zweiten Anlauf ging natürlich alles glatt.

Über den Tellerrand und über die Landesgrenzen

„Ich bin meinem Vater und meinem Lehrherrn dankbar. Die haben beide gesagt: ‚Hinaus in die Welt! Sonst lernst' bald ein Madl kennen, dann kommt die Verlobung und du wirst Koch in einem mittelmäßigen Sanatorium – und das bis du alt wirst." Der 19jährige Eckart Witzigmann hat diesen Rat beherzigt. Nach drei Lehrjahren verließ er sein über alles geliebtes Heimatland. Leicht gefallen ist ihm der Abschied aus Badgastein nicht. „Seit der Handelsschule hab' ich es gehasst, von zu Hause wegzufahren." Oft hatte er Tränen in den Augen, und in der Fremde hat's ihn manchmal vor Heimweh fast zerrissen.

Seine erste Station im Ausland war das *Grand Hotel Axelmannstein* in Bad Reichenhall. Er erinnert sich noch an das Herzklopfen, mit dem er die Reise nach Bayern antrat. Er war unsicher, wie man ihn aufnehmen würde, im Grand Hotel, „ich hatte noch kein Selbstbewusstsein". Das wuchs so nach und nach. Denn als Jungkoch musste man alle

paar Monate den Posten wechseln, damit man in allen Partien einsetzbar war und eine komplette Ausbildung zum Koch bekam. Dadurch wuchs das Können und natürlich das Selbstbewusstsein. „Irgendwann kam ich in die Pâtisserie, was für mich ein echter Meilenstein war, denn da kannte ich mich noch nicht so gut aus. Aber hier habe ich wirklich viel gelernt. Und dass ich dann den Chef-Pâtissier vertreten durfte, machte mich schon recht stolz."

Eine weitere Erfahrung aus Bad Reichenhall hat ihn geprägt: Der junge Koch musste raus aus der Küche, vor den Gästen Beinschinken, Roastbeef und Geflügel vom Wagen tranchieren. So kam er erstmals mit den Gästen direkt in Kontakt und erlebte die Gastronomie von der anderen Seite. Er beobachtete aufmerksam und erfuhr, worauf es den Gästen ankam. Das war die Basis für die später immer wieder von ihm propagierte „Maßarbeit am Gast".

Sorgfalt und Akribie

„Jeder nimmt sich einen Stuhl", sagt Eckart Witzigmann und schiebt zwei Leitzordner zur Seite. Seine Sekretärin, sein Assistent und ein Gast setzen sich zum Mittagessen. Der Chef trägt eine blaue Schürze über der weißen Kochjacke. Für die Suppe hat er sizilianische Artischocken in Olivenöl angeschwitzt, die jetzt mit penibel gehackten Kräutern in einer konzentrierten Hühnerbrühe schwimmen. Witzigmann sitzt aufrecht, nimmt einen Löffel, verharrt in sich ruhend, schmeckt konzentriert in sich hinein, lässt die Aromen auf sich wirken. Nach ein paar langen Augenblicken urteilt er: „Super-Suppe, die kann so bleiben, die ist perfekt." Und überlegt gleich weiter: „Außerdem ist sie variabel, mit Saubohnen müsste sie auch eine Wucht sein." Kocht der Chef auch so aufwändig, wenn er alleine isst? Diese Frage bringt ihn in Harnisch. „Glauben Sie im Ernst, ich täte mir schlechtes Essen an? Ich koche nie, nur damit gekocht ist", sagt er streng. „Sonst wäre es gescheiter, nicht

Galaabend im Grand Hotel Axelmannstein in Bad Reichenhall. Alles ist bestens vorbereitet, die Gäste können kommen. Bevor das Buffet eröffnet wird, gibt's noch schnell ein Foto von all der Pracht. Später in Pontresina ging's in jeder Freistunde auf die Piste. „Da konnte man sich richtig austoben. Das war wichtig für die Stimmung, aber auch für den Körper, weil ganz andere Muskeln trainiert wurden als bei der Arbeit in der Küche. Unten feiert die Brigade mit Rotweinpunsch. „Das war auch eine tolle Geschichte, aber nicht druckreif…"

Keine Bilder aus dem Sträflingslager, sondern aus dem Hotel Petersberg in Königswinter. Die Drei vom Gemüseposten kamen eines Tages auf die Idee, etwas für ihr Äußeres tun zu müssen – und taten es denn auch postwendend. Den jungen Witzigmann finden Sie im Bild oben in der Mitte und im unteren ganz rechts

mal Spaghettiwasser aufzusetzen. Nebenbei geht beim Kochen gar nix, nicht mal bei Spaghetti." Die einzige Versuchung für dieses Arbeitsethos sind Fußball-Übertragungen im Fernsehen. In der Küche gibt's natürlich keinen Bildschirm. Wenn er mal wirklich zu spät mit den Vorbereitungen angefangen hat, stellt er im Wohnzimmer den Ton so laut, dass ihm am Herd kein Tor entgeht. „Aber die Spaghetti dürfen nie unter dem Ergebnis leiden. Und außerdem zeigen sie sowieso nicht so viele Spiele von österreichischen Mannschaften."

So viel Zeit muss immer sein, dass Eckart Witzigmann ein Gericht so zubereitet, wie es sich gehört. Kochen ist für ihn ein fast sinnliches Vergnügen. Nach einem langen Arbeitstag am Schreibtisch oder nach Mammutgesprächen hört man häufig von ihm. „So, jetzt ist Schluss, jetzt mach' ich was Schönes." Dann geht er in die Küche, putzt liebevoll Gemüse, pariert selbstvergessen Fleisch, zieht mit unendlicher Geduld Gräte für Gräte aus dem Fisch und kocht, dass es eine Lust ist, ihm zuzuschauen. Diese Aufmerksamkeit und Konzentration, diese Sorgfalt und Behutsamkeit, diese Geschwindigkeit, die dennoch eine tiefe Ruhe ausstrahlt! Nebenbei fällt noch ein Lehrsatz über die Paradoxie seines Berufes ab: „Das Kochen braucht Geduld. Aber man muss auch flink sein."

Kochen ist für Eckart Witzigmann einerseits eine wunderbare Art der Entspannung, andererseits schöpferische Arbeit. Für seine Bücher und die regelmäßigen Kolumnen in Fachzeitschriften und Magazinen kreiert er ständig neue Rezepte und testet – zur Verblüffung der Redakteure – jedes noch so winzige Detail. „Wer sich beim Rezepteschreiben auf Erfahrungswerte verlässt, handelt unlauter. Jedes Rezept ist anders, und der Leser muss sich auf jede Einzelheit verlassen können." Also notiert er Zutaten, Mengen und Garzeiten aufs Genaueste, schreibt hier noch eine Variationsmöglichkeit, da noch einen Tipp. Und das alles in seiner überaus ordentlichen, großzügig geschwungenen, einfach wunderschönen Schrift.

Von Pontresina bis Davos

Diese schöne Schrift pflegte Eckart Witzigmann schon in jungen Jahren. Sorgfältig und mit größter Akkuratesse notierte er, was ihm seine Lehrmeister beibrachten und legte sich eine beachtliche Rezeptsammlung an, jede Überschrift penibel mit Schablone geschrieben.

Allerdings wuchs dieses Rezeptbuch während seiner Zeit im *Schlosshotel* Pontresina, wohin er nach seiner Zeit im *Axelmannstein* wechselte, nicht sonderlich an. Hier wurde die internationale Küche mit den Neuerungen der 60er Jahre angereichert. Auf der Karte standen Tournedos Rossini, aber auch Suprême von Masthuhn mit Currysauce und Früchten oder Nasi Goreng. Diese Zeit forderte ihn beruflich weniger, war aber auch „eine neue und darum für mich wichtige Erfahrung", sagt er heute. Und: Damals war er richtig verliebt und hatte reichlich Zeit für die Sarazena-Bar, wo er mehrere Wettbewerbe im Twisten gewann.

Aber hier lernte er Paul Simon kennen, der zu einer Schlüsselfigur für Eckart Witzigmann und einem seiner Lehrmeister wurde. Paul Simon war Chef Rôtisseur im *Schlosshotel*, damals jüngster (und einziger Nicht-Schweizer) Küchenmeister und „fachlich wie menschlich allen überlegen". Er forderte und förderte den jungen Witzigmann, der kein Hehl daraus machte, dass er etwas werden wollte. So kam Witzigmann nach dem Militärdienst zu Paul Simon, der inzwischen Küchenchef war, ins *Hotel National* in Davos und ins *Grand Hotel Hof Ragaz* nach Bad Ragaz. Diese Zeit füllt viele Seiten in Witzigmanns handschriftlichem Kochbuch. Von Simon lernte er übrigens auch, wie man eine Brigade führt: „Paul Simon hat nie von einem Lieferanten Geld angenommen. Wenn er ein Kuvert bekam, hat er es in der Küche vor allen geöffnet und das Geld in die Kasse getan." Noch heute spricht Witzigmann voller Hochachtung über ihn und nennt ihn einen Freund fürs Leben.

Während er über seinen Meister spricht, hackt er Estragon. „Die Kräuter immer so spät wie möglich schneiden und nur

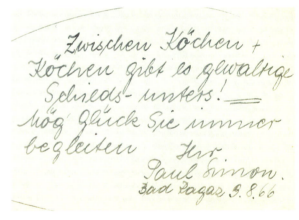

Eckart Witzigmann in Bad Ragaz, wo Paul Simon (im Bild Zweiter von rechts) Küchenchef war. Er forderte und förderte seinen jungen Kollegen und stellte damit die Weichen für dessen weiteren Weg. Eckart Witzigmann verehrte ihn sehr und sagt heute, dass er in Paul Simon einen Freund fürs Leben gefunden hat

Wieder im Team von Paul Simon, dieses Mal allerdings im Hotel National im eleganten Davos. Bei Paul Simon entwickelte sich Eckart Witzigmann zum Spezialisten für Büffets und Pasteten, Terrinen und Galantinen. Das untere Foto schickt Eckart seinen Eltern ein paar Jahre später aus Schweden, wo er im Operakällaren in Stockholm unter dem großen Küchenchef Werner Vögeli arbeitete

mit einem scharfen Messer." Ein paar grüne Fitzelchen sind auf dem Schneidbrett liegengeblieben. Witzigmann geht nochmals die zwei Schritte zurück, nimmt sie mit der breiten Schneide des Küchenmessers auf und streift sie in die rote Sauce. Den restlichen Estragon wickelt er in nasses Küchenkrepp und legt ihn in den Kühlschrank. „So bleiben die Kräuter frisch, das habe ich von meiner Ingrid gelernt." Der Koch des Jahrhunderts ist sich nicht zu gut, von Amateuren etwas anzunehmen. Oft zitiert er Frau Bogenberger, die seinerzeit häufig Gast bei ihm war: „Die hat Rührei in die Kalbsbrustfüllung gegeben, das war schon sensationell." Dieses Rezept und viele andere hat der Meister mit den drei Sternen gern übernommen.

„Ich bewundere Hobbyköche, wie viel Arbeit die sich antun." Im Gegensatz zum Restaurant sieht er einen riesigen Vorteil am heimischen Herd: „Da kann ich mich voll und ganz auf ein Brathuhn konzentrieren, dieser eine Vogel bekommt meine ganze Zuwendung." Der Kopf ist frei, er muss nicht wie im Restaurant die Bestellungen vieler Gäste abgespeichert haben, er steht nicht unter dem Diktat der Minuten, das Soufflé für Tisch sieben vor dem dritten Gang an Tisch vier zu schicken. „Kochen ist nichts für Dumme", lautet einer der berühmtesten Witzigmann'schen Leitsätze. Die tägliche Routine in der Restaurantküche empfindet er als zwiespältig: Auf der einen Seite ist das eine Knochenmühle, die alle Kraft und Konzentration verlangt. Auf der anderen strahlt die Rolle des Küchenchefs aber auch die Faszination des Dirigenten aus: Er gibt den Takt an und winkt der Ersten Geige den Einsatz.

Wenn der Chef am heimischen Herd steht, gibt's meistens keine Helfer und Zuarbeiter. Da heißt es, mit der Gewohnheit eines ganzen Berufslebens zu brechen: „Im Restaurant werden ohne Rücksicht Töpfe und Pfannen hergenommen. Wenn ich zu Hause koche, muss ich Geschirr sparen, wenn ich nicht so viel abwaschen will." In der Ecke läuft fast ständig die Geschirrspülmaschine, auf der Spüle trocknen Pfannen und Töpfe.

Früher war es durchaus üblich, jeweils zur Sommer- und Wintersaison zu wechseln. Eckart Witzigmann war jung, wollte lernen, reiste mit kleinem Gepäck. Mit nur zwei Koffern zog er von Land zu Land.

Im *Hotel Petersberg* in Königswinter bei Bonn kochte er für Konrad Adenauer, der regelmäßig kam. Auch an das Hochzeitsmenü für Adenauers Sohn kann er sich noch gut erinnern. Und darüber, dass die Legierte Kräutersuppe für den hohen Staatsgast Charles de Gaulle zuerst einmal gerann, kann er heute leicht lachen; damals erschien's ihm fast als Drama.

Im *Villars Palace* in Villars-sur-Ollon, im romanischen Teil der Schweiz, lernte er Französisch. Er merkte, dass die Fremdsprache ihm wenig Mühe machte, was für seine weitere Karriere von Bedeutung sein sollte. „Junge Leute müssen in die Welt hinaus", sagt der Koch des Jahrhunderts, „müssen Sprachen lernen, andere Kulturen kennenlernen, einfach über den Tellerrand schauen."

Als Eckart Witzigmann in der Wintersaison 1963/64 im *Hotel National* in Davos arbeitete, nutzte er die Freizeit zum Skifahren. Im Lift kam er mit einem gewissen Monsieur Jean Pierre Haeberlin ins Gespräch, der mit seinem Bruder ein Restaurant im Elsass führte. Der Name *Auberge de l'Ill* sagte Witzigmann nichts, „aber als ich Frankreich hörte, hab' ich große Ohren bekommen". Das war eine andere Welt, den meisten Köchen im deutschen Sprachraum fremd, über die Wundersames gemunkelt wurde. Aber es war Frankreich, und die französische Küche galt nun mal als die große, klassische Küche überhaupt. Die wollte Witzigmann kennenlernen, und er hatte Glück: Nach ungeduldigem Warten, Zittern und Bangen und mehreren schriftlichen Anfragen bekam er einen großen Briefumschlag mit mehreren Speisekarten darin, von Jean-Pierre Haeberlin: Am 15. Februar könne er in Illhaeusern anfangen.

Das Leben ist manchmal hart, und auch ein Eckart Witzigmann kommt nicht am Drill auf dem Kasernenhof vorbei. Wieder eine neue Erfahrung, „aber auf die hätte ich verzichten können!" Nicht aber auf London (im Bild unten), wo er im Café Royal kochte. Außerdem hatte er hier eine ganz süße Freundin, der er übrigens auch den kleinen Yorkshireterrier schenkte

Eckart Witzigmann –
Seine Förderer Paul und Pierre Haeberlin

Paul Haeberlin mit Sohn Marc

Seit weit mehr als 100 Jahren ist die Auberge de l'Ill im elsässischen Illhaeusern im Besitz der Familie Haeberlin und wurde jahrzehntelang als Dorfschenke geführt. Erst die Brüder Paul und Jean-Pierre Haeberlin machten die Auberge zu einem der weltbesten Restaurants; seit über 30 Jahren mit drei Michelin-Sternen und sämtlichen Höchstbewertungen dekoriert. Eckart Witzigmann hatte das große Glück, unter Paul Haeberlin arbeiten und von ihm lernen zu dürfen. Hier erfolgte seine entscheidende Hinwendung zur modernen, neuen Küche. Heute verbindet ihn mit den Brüdern Haeberlin sowie deren Familien eine tiefe, ehrliche Freundschaft

Paul Haeberlin, der bescheidene Monsieur Paul, ist stolz auf seinen Schüler Witzigmann, der sich rechts eine seidene Krawatte aussuchen darf. Eckart Witzigmanns Freundschaft mit Vater Paul ging nahtlos auf den Sohn über. „Marc ist genauso liebenswürdig wie sein Vater."

girardet

Monsieur
Eckart WITZIGMANN
Obermaeirstrasse 1
D - 80538 MÜNCHEN

Féchy, le 23 avril 2001

Cher Eckart,

Qui peut prétendre être gastronome sans connaître Eckart Witzigmann ?

Ce cher Ami de Munich, cuisinier hors pairs, dont le talent a ouvert la voie à bon nombre de chefs d'Allemagne et d'Autriche qui ont rejoint le peloton de tête de la gastronomiques mondiale.

La cuisine d'Eckart est inventive et précise, faite de mariages subtils et raffinés, ceci sans sombrer dans la facilité des modes et créations passagères.

Je suis très heureux de faire partie du cercle de ses amis et lui souhaite santé et bonheur pour son 60ème anniversaire, ainsi qu'un grand succès pour ce livre.

Frédy

FREDY GIRARDET   CH-1173 FÉCHY   TÉL. 021/807 14 60   FAX 021/807 14 62

Frédy Girardet

wurde 1936 in Lausanne geboren, wo er auch eine Kochlehre absolvierte. Mit knapp 20 Jahren war er gezwungen, das Bistro seines Vaters im Rathaus von Crissier zu übernehmen, kaufte das Haus 10 Jahre später und machte es zu einem Restaurant von internationalem Ruf. Frédy Girardet ist einer der (weltweit) vier Köche des Jahrhunderts. Die anderen sind Eckart Witzigmann, Joël Robuchon und Paul Bocuse, der übrigens Girardet für einen besseren Koch als sich selbst hält

Lieber Eckart,

wer kann von sich behaupten, ein Gastronom zu sein, ohne Eckart Witzigmann zu kennen?

Dieser liebe Freund aus München, dessen Talent den Weg für zahlreiche Küchenchefs aus Deutschland und Österreich bereitet hat! Sie verdanken ihm heute das Privileg, zum Spitzenfeld der internationalen Gastronomie zu gehören.
Eckart's Küche ist kreativ und präzise, sie besteht aus raffinierten und subtilen Verbindungen. Er stellt an sich hohe Ansprüche und gerät nie in Versuchung, seine Zeit mit kurzlebigen Trends zu vergeuden.
Ich schätze mich sehr glücklich, zum Kreis seiner Freunde zu zählen. Zu seinem 60sten Geburtstag wünsche ich ihm Glück, Gesundheit und viel Erfolg für das neue Buch
Mein lieber Freund, sei herzlich gegrüßt

Frédy

Eckart Witzigmann –
Einmal um die halbe Welt…

„Eine ganz wichtige Zeit in meinem Leben, vielleicht die prägendste überhaupt" sagt Eckart Witzigmann über die Jahre bei den Haeberlins. Er ist stolz und dankbar, in der Brigade von Monsieur Paul für die größten Köche, die Mitglieder der allseits geachteten Vereinigung 'Traditions & Qualité', kochen zu dürfen. Heute ist er selbst Ehrenmitglied

*B*ahnhof Badgastein, Februar 1965, Mitternacht. Man trägt den jungen Witzigmann in den Zug, der ihn nach Illhaeusern bringen soll. Sein Traum wird wahr, er darf ins Elsass. Er hat es sich so gewünscht und ist doch so traurig. Gastein ist eben Gastein! Mit Freunden, großenteils Skilehrer, hatte er auf der Hütte Abschied gefeiert. Bis zur letzten Minute. Die Mutter war angesäuert, dass ihr jetzt so wenig Zeit blieb. Die Skilehrer hatten es ebenfalls eilig, sie mussten für den Schah von Persien Spalier stehen. Als sie nun den Freund so voller Abschiedsschmerz zum Bahnhof stiefeln sahen, hieften sie ihn kurzentschlossen auf ihre Schultern und setzten ihn mit viel Hallo in den Zug.

Die *Auberge de l'Ill* wirkt paradiesisch ruhig. Hier fühlte er sich sofort wohl, man holte ihn per Auto am Bahnhof ab, Madame Marie empfing ihn herzlich. Nach dem strengen Drill (und oftmals harten Ton) in den Hotelküchen kam Witzigmann in ein fast familiäres Idyll. Und Paul Haeberlin, von seinen Schülern ehrfurchts- wie liebevoll „Monsieur Paul" genannt, war eine Seele von Mensch, „der nie ein lautes Wort verloren hat". Eckart Witzigmann war der erste Ausländer in der Küche der Haeberlins. Ihm gingen die Augen über bei der Fülle an edelsten Produkten: Hummer, Trüffel, Stopfleber, Krebse, Wild, und, und, und… Wenn Witzigmann heute von dieser Zeit spricht, untermalt Dankbarkeit seine Sätze. Er würdigt den Anteil, den Paul und Pierre Haeberlin und später Paul Bocuse an seiner Karriere hatten, indem er schlicht sagt: „Frankreich war mein Trampolin. Hier hat das große Kochen begonnen."

In der *Auberge de l'Ill* drängten sich vier Köche und drei Lehrlinge um einen Herd, der kaum größer war als der Ofen seiner Privatwohnung. Trotzdem stieß Witzigmann im Elsass in neue kulinarische Dimensionen vor. Bei Haeberlin wurde à la carte und à la minute gekocht. Das war neu für ihn. „In den großen Hotelküchen war das teilweise nicht machbar und deshalb die Ausnahme."

In der *Auberge* erfolgte die entscheidende Hinwendung zur Nouvelle cuisine. Witzigmann definierte hier erstmals

Die Haeberlins: M. Paul und Mme. Marie mit ihren Kindern Marc und Daniela. „Sie waren für mich wie eine Familie" sagt Witzigmann. Und wie ein gelehriger Sohn schrieb er Seite für Seite auf, was der Patron ihm beibrachte. Fahrrad-Freak war er damals wie heute. „Meine Spitzenleistung war eine 300-km-Tour, aber da war ich auch sehr verliebt."

in der ihm eigenen schlichten, aber präzisen Art: „Ich möchte ein guter Koch werden!" In der Freizeit fragte er Monsieur Paul, wie man eine Bouillabaisse oder dies oder das oder jenes kocht, und der zeigte es ihm. Das Essen wurde hier als Fest für alle Sinne zelebriert; der junge Österreicher sog alles Neue in sich auf, war fleißig, wissbegierig und entwickelte dabei die ihm eigene kulinarische Kreativität. Monsieur Paul sah es mit Freude und ließ ihn eigene Kreationen ausprobieren – Witzigmanns Kartoffelsalat mit Kaviar oder der Artischockensalat mit Gänseleber und Trüffel sind heute fast Klassiker.

Am freien Montag fuhren die Brüder Haeberlin oft mit der Familie ins Parkhotel *Adler* nach Hinterzarten. Witzigmann, heute noch begeisterter Radsportler mit höchst beachtlichen Tageserfolgen, setzte sich dann früh morgens auf sein Rennrad und strampelte von Illhaeusern in den Schwarzwald, das Höllental hinauf, zog sich im *Adler* um und aß dann mit seinen väterlichen Lehrmeistern.

Auch als er Jahre später im *Tantris* Triumphe feierte, blieb er den Haeberlins in dankbarem Respekt verbunden. Er wollte ein Soufflé auf die Karte setzen, wie es das in Illhaeusern gab. Ganz selbstverständlich rief er vorher dort an und bat Monsieur Paul um Erlaubnis. „Meine großen Förderer und Freunde" nennt Eckart Witzigmann die Brüder Haeberlin heute.

Von Frankreich nach Schweden und zurück

Als „Nicht-EG-Bürger" war Witzigmanns Zeit im Elsass natürlich befristet. Er ging nach Schweden zum berühmten Werner Vögeli, der im *Operakällaren* als Küchenchef eine Brigade von 70 Köchen führte und zwar in der seinerzeit modernsten Küche Europas. Für den lernbegierigen Eckart war das ein echtes Kontrastprogramm, aber auch eine große Herausforderung und eine absolute Bereicherung, denn hier kam er durch einen glücklichen Zufall an den angesehenen Fischposten: Kurz nach Witzigmanns Eintritt in die Brigade, heuerte der Chef-Poissonnier auf einem

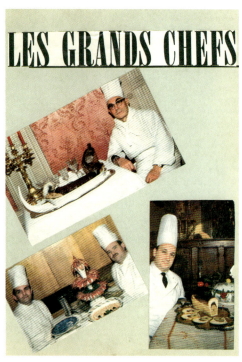

Kreuzfahrtschiff an, tags darauf teilte Werner Vögeli der Mannschaft mit: „Der neue Chef-Poissonnier ist der Eckart."

Aber der konnte nur ein gutes halbes Jahr in Schweden bleiben, er hatte bereits einen Vertrag mit Paul Bocuse, dem „König der Köche" in der Tasche. „Den hatte ich Monsieur Paul zu verdanken. Ohne seine Vermittlung hätte ich bei Bocuse keine Chance gehabt. Der war der Star in Frankreich", sagt Witzigmann. 1966 fing er in Lyon an, hier war nichts wie im Elsass. Bocuse war viel strenger. „Wenn es hieß ‚Monsieur Paul est arrivé', dann ist die ganze Brigade im Gänsemarsch angetreten." Bocuse pendelte ständig zwischen Küche und Service. Die große Lyoner Küche schöpfte bei den Zutaten aus dem Vollen; alles war anders als in Illhaeusern. Und Witzigmann staunt noch immer, „wie viele Talente Paul Bocuse in sich vereinigt". Er war temperamentvoll und witzig, listig und geschäftstüchtig. Vor allem aber war er ein Küchenchef, der den Kontakt zum Gast zu seinem Stilmittel gemacht hat. „Vor Bocuse war der Koch ein ausführendes Organ. Im Restaurant war er unsichtbar", resümiert Witzigmann. Wenn damals ein Koch am Tisch auftauchte, dann allenfalls um zu tranchieren. Doch Bocuse unterhielt seine Gäste. Er war ihnen nicht nur gleichgestellt, er war der Star im Restaurant. Und noch etwas hat Witzigmann in Lyon gelernt: Bocuse ging täglich um 5 Uhr morgens auf den Markt, um einzukaufen und sich vom Angebot inspirieren zu lassen. Später sollten Witzigmanns Gänge durch den Großmarkt und über den Münchner Viktualienmarkt legendär werden.

Als Witzigmann Jahre später im *Tantris* den zweiten Michelin-Stern erkocht hatte, wurde er in die exklusive Vereinigung „Traditions et Qualité" aufgenommen. Das war für ihn die Weltliga der Restaurateure. Hier trafen sich die großen Chefs, man verkehrte per Du. Aber Witzigmann schaffte es nicht, Paul Bocuse und Paul Haeberlin zu duzen. „Das geht nicht", sagte er, „sie bleiben die Chefs".

Mit seiner Zeit in Lyon waren Witzigmanns Wanderjahre

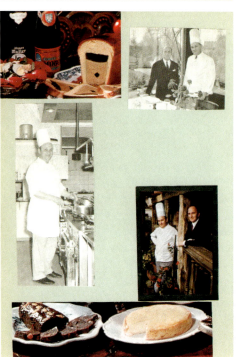

noch lange nicht vorbei. Weitere Stationen in den besten Häusern Europas folgen: Der *Erbprinz* in Ettlingen, das Flaggschiff der deutschen Gastronomie, das *Café Royal* in London, die *Villa Lorraine* in Brüssel, erstes 3-Sterne-Haus außerhalb Frankreichs und noch zweimal die *Auberge de l'Ill*.

Mit 29 Jahren ging Witzigmann nach Amerika. In Washington sollte er ein europäisches Spezialitätenrestaurant eröffnen. Doch eine Dollarkrise ließ das Projekt platzen. *Mariott* machte ihm ein Angebot als Executive Chef. Dazu musste er ein Training im *Crystal Palace* in Arlington abschließen. Unter Robert Greault erlangte er Kenntnisse über ungewohnte Küchenabläufe und -techniken. Doch seine Liebe galt dem Restaurant, nicht dem Hotelbetrieb. So nahm er gern das Angebot als Sous-Chef im Jockey Club in Washington, einer der drei besten Adressen der Stadt, an. „In Amerika habe ich gelernt, in großen Dimensionen zu arbeiten."

Mit einer Clique französischer Kollegen verbrachte er die Freizeit, man traf sich am Strand oder „machte so allerlei Blödsinn". Seine Freundin Monika kam aus Badgastein zu Besuch. Und blieb. Sie sorgte für die Greencard, in Virginia kauften sie ein Haus, in Maryland heirateten sie, „dort gab's weniger Auflagen".

1970 reiste Fritz Eichbauer, Bauunternehmer aus München, nach Washington. Er wollte ein Restaurant eröffnen, wie München keines kannte. Paul Haeberlin hatte ihm Eckart Witzigmann als „den" Küchenchef empfohlen. Eichbauer zeigte ihm die fertigen Pläne für sein Restaurant, das der Schweizer Architekt Prof. Justus Dahinden schon vom Kühlhaus bis zur Bar entworfen hatte. „Deutschland war für mich eigentlich nie ein Thema", sagt Witzigmann, „ich war frankophil". Andererseits war der Wunsch groß, eine Chefposition einzunehmen. Er rang Eichbauer das Zugeständnis ab, das architektonische Gesamtkunstwerk in einem Punkt abzuändern: Der Herdblock musste vom Rand der Küche in die Mitte. Eichbauer war einverstanden – am 2. Dezember 1971 eröffnete das Tantris.

Es ist wirklich nicht die Regel, dass große Meister ihre Schüler zum Freund erklären. Aber Eckart Witzigmann hat es geschafft: Sowohl Paul Haeberlin als auch Paul Bocuse sehen und schätzen ihn heute als einen der Ihren in der 'kollegialen Rangordnung' und als persönlichen Freund. „Trotz aller Unterschiede, die uns trennen, haben wir viele Gemeinsamkeiten. Der Drang zur Perfektion ist einer davon. Nicht die Einzige, aber auch sicher nicht die Schlechteste!"

"Einige hätten wir fast nicht wieder erkannt, wie sie da in ihren besten Anzügen standen, wir kannten sie ja nur im Blaumann", erinnert sich Eckart Witzigmann an den ersten Abend im *Tantris*. Es war ihm eine Ehre, zuerst für alle Handwerker zu kochen, die das *Tantris* gebaut und ausgestattet hatten; erst am nächsten Tag waren die offiziell Geladenen dran.

Die standen etwas irritiert in dieser eigenwilligen Kulisse, außen wie innen überraschten Architektur und Design gleichermaßen. Leuchtendes Rot und glänzendes Schwarz dominierten die kühle Atmosphäre. Ungewöhnlich auch die Weite des Raumes, der freie Blick in die Küche, die durch einen großen Holzofengrill, ein Fischbassin und gläserne Vitrinen getrennt waren, und erst recht ungewöhnlich, was es dort zu essen gab: „Kein Gemüse aus der Dose, dafür

Lachs und Stubenküken, Bries und Krebse, an die sich viele Gäste erst über den Umweg der Entrecôtes vom Holzkohlengrill (sie galten als die besten der Stadt) wagten. Da war viel Aufklärungsarbeit nötig. Der geduldige Gerald Gratzer, erster Maître, und Eckart Witzigmann schafften es.
Und noch etwas war zu schaffen: Die Produkte, mit denen der junge Küchenchef arbeiten wollte, waren nicht einfach so zu kaufen. Der Viktualienmarkt bot zwar einiges, Dieter Biesler vom *Vier Jahreszeiten* schickte seine Lieferanten vorbei, aber die wahren Spezialitäten gab's halt nur in Rungis, den paradiesischen Markthallen von Paris. Also wurden sie regelmäßig eingeflogen, Kräuter dagegen im Gärtchen zwischen Restaurant und Hochhaus selbst angebaut.

Die Welle, die die Nouvelle cuisine in Frankreich schlug, schwappte langsam auch über die Grenzen und weckte hier ein neues Interesse an einer Küche, wie Witzigmann sie – wenn auch noch vorsichtig – zelebrierte. 1974 erkochte er dem *Tantris* den zweiten Michelin-Stern. Plötzlich war der Name Witzigmann in aller Munde, und endlich konnte er so kochen, wie er wollte. Er kreierte wahre Kunstwerke, übertraf sich in ungeahnten Aromakombinationen, kochte mit einer Leichtigkeit und Frische, die selbst Feinschmeckern damals noch unbekannt war, traute sich, Innereien und regionale Spezialitäten auf die Karte zu setzen, um nur einiges zu nennen. Kurz: Er revolutionierte die gesamte (eher biedere) Kochkultur in Deutschland.

Das *Tantris* wurde zur Nr. 1 und zum absoluten Maßstab der deutschen Spitzengastronomie, anerkannt im In- und Ausland. Parallel dazu galt die *Tantris*-Küche als das Traumziel für ambitionierte junge Köche. Bei und von Witzigmann lernen zu dürfen, kam fast einer Auszeichnung gleich, der sich jeder würdig erweisen wollte. Für eine Generation von Köchen wurde Eckart Witzigmann zum Vorbild und Lehrer. Und so nennen sich die meisten der heute dekorierten Küchenchefs voller Stolz Witzigmann-Schüler!

Eckart Witzigmann –
Der Mann, der das Tantris prägte

Fritz Eichbauer

ist der „Erfinder" und Besitzer des weltberühmten Münchner Tantris. Mitte der 60er Jahre zog es den Feinschmecker und Weinkenner mit Gattin Sigrid immer wieder zu den Sterneköchen Frankreichs. Da kam ihm – schließlich ist er Diplomingenieur und Bauunternehmer – die Idee, sein eigenes Restaurant zu bauen. Er machte den jungen Witzigmann zum Küchenchef, und dem gelang es, für Fritz Eichbauers Tantris die begehrten Sterne zu erkochen und es zu internationaler Anerkennung zu führen

Kein Kindergarten, kein Auslieferungslager sollte im äußeren Schwabing entstehen als Anhängsel eines Hochhauses – nein – ein schickes Restaurant auf der grünen Wiese. Als Vorbild dazu dienten amerikanische Städte, die außerhalb ihres Zentrums entsprechend große Restaurants erstellen, mit genügend Parkplatz ringsum.

Der Bau war im Gang, als wir uns bemühten, den Mann zu finden, der dieses neue Restaurant nach vorne bringen sollte. Im Garten der Haeberlins in Illhaeusern sitzend, im vertrauten Gespräch mit Paul Haeberlin, wollten wir einen jungen Küchenchef verpflichten, der bei ihm und ähnlichen Restaurants die hohe Schule der Kochkunst erlernt hatte. „Da gibt es nur einen, der das von Anfang an schafft – Eckart Witzigmann!" Auch Paul Bocuse gab seinen Segen. Damit begann die damals noch nicht absehbare Story moderner Gastronomie und Küchenkunst sich in Deutschland zu etablieren.

Lieber Ecki, erinnerst Du Dich noch – Halbzeit Deines bisherigen Lebens; es war vor 30 Jahren, meine Frau und ich kamen auf dem Airport Washington an – wir kannten uns damals noch nicht. Doch unverkennbar mit französischem Barett und österreichischem Akzent hast Du die perfekte Art Deiner Lieferanten geschätzt, wenn Du um Mitternacht die Bestellung für den nächsten Tag aufgegeben hast.
Zwei Idealisten, die wir beide sind, verstanden wir uns von Anfang an – auch wenn ich im Flieger nach Mexiko-City zwei Tage später die gesamte Küche des *Tantris* umplante.

Ein halbes Jahr später, Pfingsten war's, Salzburger Schnürlregen – 24 Stunden lang. Du kamst mit Frau und kleiner Tochter Véronique in München an – nur ein Familienmitglied fehlte – der weiße Schäferhund Rex. Stundenlange Telefonate folgten, Dein Hund war ganz einfach in der Kiste in Washington stehen geblieben. Inzwischen fuhren Frau und Véronique nach Gastein – ohne Pass – was damals fast

unmöglich war. Am Pfingstmontag war auch der weiße Schäferhund plötzlich am Münchener Airport. Alles gut gegangen!

Dann die *Tantris*-Eröffnung und die ersten Gäste, die nichts ahnend für vier Personen die ganze Karte von oben bis unten einzeln bestellen wollten, Menue Gastronomique – ein Fremdwort. Oftmals drohtest Du die Pfanne durch den Küchenpass zu schleudern – es blieb bei der Drohung – die beidseitigen Nerven waren stark strapaziert. Das hält zusammen über Jahrzehnte! Glück und Gesundheit weiterhin. Die herzlichsten Geburtstagsglückwünsche.

Deine Eichbauers und der gute Geist Inge Hartmann

Fritz und Sigrid Eichbauer mit Mitgliedern der Chaîne de Rôtisseur (ganz oben). Der junge Witzigmann mit seinem großen Kollegen Franz Keller sen. (oben) im Tantris. Rechts die 'weiße' und die 'schwarze' Brigade des Tantris, wobei sich Letztere einige Jahre lang nicht in Schwarz, sondern in zeitgeistigem Rostbraun, Orange und Lindgrün präsentierte. Links unten der Chef in der Freistunde beim Fußballspielen mit seinen Jungs und rechts bei der Vorstellung seines ersten Buches „Das Tantris-Kochbuch". Es erschien 1978

Lauchsalat mit Périgord-Trüffeln

Zutaten für 4 Personen

4 Stangen Lauch (Porree)
Salz
60 g frische schwarze Trüffeln
1 fest kochende Kartoffel
Öl zum Braten
weißer Pfeffer aus der Mühle

Für die Salatsauce:

1/2 EL Zitronensaft
2 EL milder Sherry-Essig
Salz, weißer Pfeffer aus der Mühle
6 EL kaltgepresstes Olivenöl
1 EL Trüffeljus

Für die pochierten Eier:

4 EL Weißweinessig
4 sehr frische, kühlschrankkalte Eier

Den Lauch putzen und dabei die groben, dunkelgrünen Enden abschneiden. Die Stangen im oberen Teil der Länge nach zu etwa einem Drittel einschneiden (nicht halbieren) und unter fließendem Wasser sehr gründlich waschen, um mögliche Sandreste zu entfernen. Den Lauch bissfest dämpfen oder in kräftig gesalzenem Wasser nicht zu weich kochen.

Die Trüffeln unter fließendem Wasser gründlich abbürsten und waschen. Abtrocknen und in dünne Scheiben hobeln.

Die Kartoffel schälen, mit der Aufschnittmaschine in 1-2 mm dünne Scheiben schneiden. Diese in winzige Würfel schneiden und in kaltes Wasser legen, um die überflüssige Stärke zu entfernen.

Für die Salatsauce den Zitronensaft mit Essig, Salz und Pfeffer verrühren, bis sich das Salz gelöst hat. Dann das Olivenöl und den Trüffeljus darunterrühren.

Den Lauch auf einem Gitter oder Tuch abtropfen lassen, trockentupfen und in schmale Ringe schneiden. Diese noch lauwarm mit den Trüffelscheiben in eine Schale geben, mit der Salatsauce übergießen und bis zum Servieren mindestens 20 Minuten ziehen lassen.

Für die pochierten Eier etwa 2 l Wasser in einem breiten Topf aufkochen und den Essig zufügen. Die Eier einzeln in eine Tasse oder Suppenkelle aufschlagen. Mit einem Holzlöffel jeweils auf einer Stelle im Essigwasser rühren, so dass sich ein kleiner Strudel bildet. Sofort ein Ei hineingleiten und 4 Minuten ziehen lassen.

Inzwischen die Kartoffelwürfel im Sieb abtropfen lassen, mit Küchenpapier sehr gut trockentupfen und in einer beschichteten Pfanne in wenig Öl goldgelb braten. Nur leicht salzen.

Die Eier vorsichtig mit einem Schöpflöffel herausheben, kurz in Eiswasser abschrecken, trockentupfen und das Eiweiß jeweils mit einer Schere glattschneiden.

Den Lauch-Trüffel-Salat auf tiefen Tellern anrichten, leicht mit Pfeffer übermahlen und jeweils ein pochiertes Ei in die Mitte setzen. Mit den Kartoffelwürfeln bestreut sofort servieren – die Eier sollen noch warm sein.

Komposition von Spargel und Krebsen

Zutaten für 4 Personen

Für die Spargel-Mousse:

25 g Butter
20 g Mehl
150 ml Milch, Spargel- oder Geflügelbrühe
Salz, Cayennepfeffer
500 g Spargel
150 g Geflügel-Aspik (oder Fertiggelee)
Zitronensaft, Worcestersauce
1/2-3/4 l Sahne

Für die Krebse:

1 Bund Dill
12 Flusskrebse, Salz
1 EL Kümmelsamen
Cayennepfeffer

Für die Krebssauce:

500 g Krebskörper
4 EL Olivenöl
100 ml Cognac
100 ml Weißwein
100 ml Noilly Prat
1 EL Staudensellerie, gewürfelt
1 EL Karotten, gewürfelt
1 EL Zwiebeln, gewürfelt
30 g Dillstängel
100 g feines Tomatenpüree
1 l Wasser oder Geflügelbrühe
100 g Sahne
Salz, Cayennepfeffer
Dill

Für die Béchamel-Sauce die Butter aufschäumen lassen, das gesiebte Mehl zufügen und 10 Minuten langsam anschwitzen, ohne Farbe nehmen zu lassen. Mit Milch, Spargel- oder Geflügelbrühe auffüllen, glattrühren, mit Salz und Cayennepfeffer abschmecken und 15 Minuten köcheln lassen.

Für die Spargel-Mousse den Spargel schälen, die Köpfe 4 cm lang schneiden. Die Stiele im Dämpfer weich kochen, ausdrücken und im Mixer zusammen mit der Béchamel-Sauce pürieren. Durch ein Sieb passieren, den lauwarmen Geflügel-Aspik unterrühren und mit Salz und Cayennepfeffer, Zitronensaft und Worcestersauce abschmecken. Kurz vor dem Erkalten die halb steif geschlagene Sahne darunterheben. Die Mousse in eine tiefe Schüssel füllen und kalt stellen. Die Spargelspitzen in Salzwasser knackig kochen und mit einem Spritzer Essig, etwas Salz und Öl marinieren. Den Dill abbrausen und zupfen.

Die Krebse waschen und in kochendem Salzwasser samt Dill, Kümmel und Cayennepfeffer in 4 Minuten gar ziehen lassen. Abkühlen lassen und ausbrechen.

Für die Sauce die Krebskarkassen in Olivenöl anrösten. Sellerie, Karotten und Zwiebeln zufügen, leicht mitrösten lassen und das Öl abgießen. Den Röstfond mit Cognac, Weißwein und Noilly Prat ablöschen und völlig einkochen lassen. Dann Dill und Tomatenpüree hineingeben, mit Wasser oder Brühe aufgießen und 20 Minuten kochen lassen. Durch ein Sieb passieren und erneut zur Hälfte einkochen. Auf Eis stellen, die Sahne einrühren und die Sauce mit Salz und Cayennepfeffer abschmecken.

Die Sauce in vier gekühlte tiefe Teller geben und die Krebse samt den Spargelspitzen darauf anrichten. Mit einem Löffel, der immer wieder in heißes Wasser getaucht wurde, von der Spargel-Mousse Nocken abstechen und auf die Sauce setzen. Mit Dill garnieren.

Tipp: Statt die Spargel-Mousse nur mit Spargelspitzen zu garnieren, können Sie auch grünen und weißen Spargel extra kochen und anlegen.

Kalte Entenkraftbrühe mit Roter Bete

Zutaten für 4-6 Personen

Für die Kraftbrühe:

1 kg Entenknochen und Entenklein (Magen, Hals, Flügel etc.)
1/2 Kalbsfuß, grob zerteilt
2 EL Öl
2 l Wasser
1 1/2 Zwiebeln
2 Nelken
1 Lorbeerblatt
1 kleine Karotte, geschält, geviertelt
50 g Lauch (Porree), geputzt
50 g Staudensellerie, grob zerteilt
1 Zweig Thymian
1 Rote Bete, Salz
250 g rohes Geflügelfleisch ohne Haut
3 Eiweiß
100 g Tomaten, gewürfelt
je 10 g Petersilien- und Estragonstängel
200 ml trockener Weißwein
Cayennepfeffer

Für die Garnitur:

1 kleine Rote Bete, Salz
4-6 Staudensellerieblättchen
4-6 EL dicke saure Sahne
4-6 EL Beluga-Malossol-Kaviar

Für die Brühe das Entenklein, die Knochen und den Kalbsfuß waschen, abtrocknen und im Öl leicht anrösten. Ohne das Fett in einen Topf geben und mit Wasser bedecken. Alles aufkochen lassen, den aufsteigenden Schaum abheben und die Brühe etwa 1 Stunde leise sieden lassen. Die ganze, mit Nelken und Lorbeerblatt gespickte Zwiebel samt Karotte, Lauch, Sellerie und Thymian zufügen und alles weitere 1 1/2 Stunden sieden, nicht sprudelnd kochen lassen. Durch ein feines Sieb gießen und abkühlen lassen.

Rote Bete schälen, raspeln und leicht salzen, damit der Saft austritt.

Zum Klären das Geflügelfleisch fein würfeln. Die Zwiebelhälfte auf die heiße Herdplatte legen und bräunen. Die Geflügelwürfel mit Salz, Eiweiß, Zwiebel und Tomatenwürfeln sowie Petersilie und Estragon gründlich vermengen, mit Wein und der Brühe auffüllen. Die Rote-Bete-Raspel in einem feinen Sieb gut ausdrücken und die Brühe damit färben. Diese unter ständigem Rühren aufkochen und danach 30 Minuten ziehen lassen. Mit Salz und Cayennepfeffer pikant abschmecken, durch ein Passiertuch filtern, entfetten und kalt stellen, damit die Brühe leicht geliert. Sollte das nicht der Fall sein, können Sie einige eingeweichte und aufgelöste Gelatineblätter hineinrühren. Die Brühe mindestens 12 Stunden im Kühlschrank durchkühlen und gelieren lassen.

Zum Anrichten die Rote Bete in Alufolie wickeln und auf einem Salzbett im 200 Grad heißen Ofen garen. Abkühlen lassen, schälen und sehr fein würfeln. Die Sellerieblätter waschen und trockentupfen. Die leicht gelierte Entenkraftbrühe in vier Glasschalen oder -teller geben. Die saure Sahne spiralförmig darauf verteilen, den Kaviar in die Mitte setzen, alles mit Rote-Bete-Würfeln bestreuen und die Sellerieblättchen an den Rand setzen.

Legierte Kräutersuppe mit Wachteleiern

Zutaten für 4 Personen

120 g Kräuter (Kerbel, Estragon, Sauerampfer und Schnittlauch)
1 Scheibe Weißbrot ohne Rinde, etwa 3 mm dick geschnitten
Butter zum Braten
300 ml Geflügelkraftbrühe
Salz, weißer Pfeffer aus der Mühle
frisch geriebene Muskatnuss
8 Wachteleier
300 g Sahne
4 Eigelb
60 g Butter

Die Kräuter unter kaltem Wasser abbrausen, trockentupfen, von groben Stielen befreien und fein schneiden.

Das Weißbrot in winzige Würfelchen schneiden, in etwas Butter goldgelb braten und auf einem Teller beiseite stellen.

Die Geflügelkraftbrühe in einem Topf zum Kochen bringen und kräftig mit Salz, Pfeffer, Muskat würzen.

Die Wachteleier in kochendem Salzwasser in 3 Minuten wachsweich kochen. Sofort in Eiswasser abschrecken, abkühlen lassen und vorsichtig schälen. Je zwei Eier in einen Suppenteller geben.

Sahne und Eigelb gründlich mit dem Schneebesen verrühren und unter ständigem Rühren etwa die Hälfte der kochend heißen Geflügelkraftbrühe hineingießen. Diese Mischung in die restliche Brühe rühren, dann die gehackten Kräuter und die Butter untermischen. Die Suppe auf der nicht zu heißen Herdplatte unter Rühren erwärmen, bis sie schön cremig ist. Dabei aber nicht mehr kochen lassen, sonst flockt diese zarte Legierung aus.

Die Kräutersuppe in die Teller auf die Wachteleier füllen und mit den gerösteten Brotwürfelchen bestreuen.

Eckart Witzigmann –
Keine Heuschrecken im Tantris!

Wolf Thieme

begann seine Karriere als Reporter beim 'Stern', war Chefredakteur von 'Playboy' und 'Feinschmecker' und ist heute Chefredakteur der Reisezeitschrift MERIAN. Wolf Thieme und Eckart Witzigmann kennen sich bereits seit der Eröffnung des Tantris im Jahr 1972

Mein schönstes Erlebnis im *Tantris* zu Witzigmanns Zeiten hat mit Eckart Witzigmann eigentlich gar nichts zu tun, sondern mit dem damaligen Oberkellner Gerald Gratzer. Ein Herr, ein Mann von Welt und Kultur. Jeder, der in den frühen Jahren der Nouvelle cuisine im *Tantris* gegessen hat, wird sich an ihn erinnern. Herr Gratzer war eine Seele von Mensch, ein Kenner kulinarischer Genüsse und stolz auf den damals noch frischen Ruhm des Hauses. Und ich traf ihn ins Mark.

Damals vor 25 Jahren war ich Chefredakteur des deutschen PLAYBOY und hatte einen Professor in Heidelberg zu einem Autorengespräch nach München eingeladen. Meine Frage, wo er denn mit mir essen wolle, hatte der Professor mit „Bitte im *Tantris*" beantwortet. Das freute mich. Ein gescheiter Mann und ein Genießer obendrein, das konnte ein angenehmes Essen werden. Ich hatte mich geirrt.

Wir saßen im *Tantris*, Herr Gratzer erschien und überreichte die Speisenkarten. Der Professor schlug auf und las. Und las. Und las. Herr Gratzer kam wieder, der Professor las immer noch. „Kann ich helfen?" fragte ich höflich. Der Professor blickte ratlos von der Karte auf und fragte Herrn Gratzer zu meinem blanken Entsetzen: „Haben Sie keine gebratenen Heuschrecken?" Der gute, stille, stets beherrschte Herr Gratzer erstarrte zu Eis. „Nein, die haben wir nicht", sagte er kurz, machte auf dem Absatz kehrt und verschwand. Entgeistert sah ich ihm nach.

Dann fragte ich meinen Gast: „Um Himmels willen, wie kommen sie denn auf die Idee, dass es im *Tantris* gebratene Heuschrecken gibt?" „Och," sagte der Besucher aus Heidelberg unbekümmert. „Ich habe in einer Zeitung gelesen, dass man hier Bärentatzen, Klapperschlangen und gebratene Heuschrecken probieren kann. Und so etwas wollte ich schon lange mal essen."

„Im *Tantris*", sagte ich etwas scharf, „sind noch nie Heuschrecken und Klapperschlangen serviert worden." Ich blickte nach Herrn Gratzer. Er war spurlos verschwunden. Würde Eckart Witzigmann gleich an den Tisch stürmen?

„Keine Heuschrecken?" fragte der Professor. „Wie schade." In diesem Moment fiel es mir ein. Unweit vom *Tantris*, in einem Restaurant in der Schwabinger Herzogstraße, waren in der Tat eine Zeit lang solche exotischen Gerichte serviert worden. Ich bin da nie gewesen. Mein Gast aus Heidelberg wollte gar nicht ins *Tantris*. Er hatte es mit dem *Wendekreis* verwechselt.

Wir haben dann im *Tantris* eher lustlos gegessen, ein enttäuschter Professor und ich. Als wir gingen, stand Herr Gratzer wie immer an der Tür. „Auf Wiedersehen, Herr Thieme", sagte er knapp. Meinen Begleiter würdigte er keines Blickes.

Bilder aus der Anfangszeit des Tantris: Jung, dynamisch und hoch motiviert stehen sie da vor den Fabeltieren am Eingang wie in der Küche – der viel versprechende Eckart Witzigmann mit seiner ersten Brigade. Unten: Gruppenbild mit Champagner. Eckart Witzigmann mit Alfons Vatter und Heinz Winkler beim gemeinsamen Gläschen mit Rémy Krug vom arrivierten Champagnerhaus gleichen Namens in Reims

Kabeljau auf Speck-Linsen-Sauce

Zutaten für 4 Personen

Für die Kartoffelrösti:

2 fest kochende Kartoffeln
Salz, weißer Pfeffer aus der Mühle
frisch geriebene Muskatnuss
Öl zum Braten

Für die Linsen:

50 g geräucherter Speck, gewürfelt
2 Schalotten, gewürfelt
1/2 Knoblauchzehe, gewürfelt
25 g Karotten, fein gewürfelt
20 g Knollensellerie, fein gewürfelt
100 g Berglinsen (Le Puy)
1 EL Tomatenmark
Salz, weißer Pfeffer aus der Mühle
1 Bouquet garni (Petersilie, Thymian, Lorbeerblatt)
200 ml Fleischbrühe
3 cl alter Aceto Balsamico
10 g Butter
1-2 TL gehackte Petersilie
30 g geschlagene Sahne

Für den Kabeljau:

4 Kabeljaufilets von je 150 g
Salz, weißer Pfeffer aus der Mühle
Cayennepfeffer
2 EL Olivenöl
20 g Butter
2 EL Crème fraîche
1 EL Moët-Senf
1 TL Schnittlauch, in sehr feine Ringe geschnitten

Für die Rösti die Kartoffeln schälen, in sehr feine Streifen schneiden und mit Salz, Pfeffer und Muskat würzen. Etwas Öl in einer großen Pfanne erhitzen, die Kartoffelstreifen zu 4 dünnen Fladen hineingeben und mit dem Pfannenwender andrücken. Auf beiden Seiten goldbraun braten, auf Küchenpapier abfetten und im 60 Grad heißen Ofen warm stellen.

Für die Linsen den Speck mit Schalotten und Knoblauch bei nicht zu starker Hitze glasig anschwitzen. Karotten, Sellerie und Linsen zufügen, das Tomatenmark einrühren und leicht anrösten. Mit Salz und Pfeffer würzen, das Bouquet garni einlegen und alles mit der Brühe auffüllen. Mit Papier abdecken und die Linsen im 180 Grad heißen Ofen weich dünsten. (Die Garzeit richtet sich nach Frische und Qualität der Linsen.)

Die Kabeljaufilets mit Salz, Pfeffer und Cayennepfeffer würzen und im nicht zu heißen Öl-Butter-Gemisch vorsichtig anbraten. Crème fraîche mit Senf und Schnittlauch verrühren und eine Seite der Filets kurz vor Ende der Garzeit damit bestreichen.

Die Linsen mit Essig, Butter und Petersilie fertigstellen und möglichst ohne den Fond (oder mit nur wenig) auf vier vorgewärmte Teller geben. Den Kabeljau darauf anrichten und die Rösti seitlich anlehnen. Die geschlagene Sahne unter den Linsenfond heben und diesen um die Linsen verteilen.

Steinbutt auf Blattspinat mit zwei Saucen

Zutaten für 2 Personen

Für den Spinat:

500 g Spinat, Salz
20 g Butter
1 Knoblauchzehe
Salz, weißer Pfeffer aus der Mühle
frisch geriebene Muskatnuss

Für die Steinbuttfilets:

1 küchenfertiger Steinbutt im
Ganzen von etwa 600 g
Salz, weißer Pfeffer aus der Mühle
Saft von 1/2 Zitrone
Tempuramehl zum Bestäuben
Öl zum Braten
50 g Butter
geschroteter Pfeffer, Meersalz

Für die rote Buttersauce:

250 ml kräftiger französischer
Rotwein (am besten Côte du Rhône)
50 ml roter Portwein
1 Schalotte, in dünnen Ringen
50 g Gänseleber-Parfait
50 g kalte Butter, in kleinen Stücken
1 Schuss Fischfond

Für den Champagner-Sabayon:

4 cl Noilly Prat
4 cl Champagner
4 cl Fischsud
1 Eigelb
Saft von 1/2 Zitrone
Salz, Cayennepfeffer

Den Spinat gründlich waschen, abtropfen lassen und in Salzwasser einmal aufkochen. In ein Sieb schütten, kalt abschrecken und abtropfen.

Den Steinbutt kalt waschen, abtrocknen, mit Salz, Pfeffer und Zitronensaft würzen und rundherum mit dem Tempuramehl bestäuben. Öl und Butter in einer ofenfesten Pfanne erhitzen, den Steinbutt mit der dunklen Hautseite nach unten hineinlegen und im auf 180 Grad vorgeheizten Ofen 10 Minuten braten. Den Fisch umdrehen und in etwa weiteren 10 Minuten glasig garen.

Für den Spinat die Butter in einem Topf hellbraun werden lassen. Die Knoblauchzehe schälen und auf eine Gabel aufspießen. Den abgetropften Spinat unter Rühren mit der aufgespießten Knoblauchzehe in der Butter sanft erhitzen. Mit Salz, Pfeffer und Muskat abschmecken.

Für die rote Buttersauce den Rotwein und den Portwein mit den Schalottenringen bis auf ein Drittel einkochen. Das Gänseleber-Parfait durch ein feines Sieb passieren und die Flüssigkeit damit und mit den kalten Butterstückchen binden. Mit etwas Fischsud leicht verdünnen.

Für den Champagner-Sabayon Noilly Prat mit Champagner und Fischsud zur Hälfte einkochen und in einen Schlagkessel geben. Das Eigelb zufügen und die Masse im Wasserbad schaumig aufschlagen. Die Sauce mit Zitronensaft, Salz und Cayennepfeffer abschmecken.

Den Blattspinat auf vorgewärmte Teller verteilen und den Steinbutt darauf anrichten. Diesen mit dem Champagner-Sabayon überziehen, mit etwas grob geschrotetem Pfeffer und Meersalz bestreuen und mit der roten Buttersauce umgießen.

Petersfisch, gespickt mit Lorbeeren

Zutaten für 2 Personen

Für den Saint Pierre:

1 küchenfertiger Petersfisch von etwa 800 g (Saint Pierre)
12 frische kleine Lorbeerblätter
3 frische oder getrocknete Fenchelstängel
1 frischer Zweig Thymian
Salz, weißer Pfeffer aus der Mühle
etwa 2 EL Tempuramehl
Olivenöl und Butter zum Anbraten
2 Knoblauchzehen

Für die Sauce:

1 kleine Orange
1 kleine Blutorange
1 Limette
4 EL trockener Weißwein
1 Schalotte, fein gewürfelt
100 g kalte Butter in kleinen Stücken
6 frische Basilikumblätter
Salz, weißer Pfeffer aus der Mühle

Den Petersfisch innen und außen waschen und abtrocknen. Die Haut vorsichtig so einschneiden, dass für jedes Lorbeerblatt zwei Einschnittstellen vorhanden sind. Die Haut anheben und die gewaschenen, abgetrockneten Lorbeerblätter durch die Schnittstellen unter die Haut ziehen, ohne das Fleisch zu verletzen. Den Fisch oberhalb des Rückgrats der Länge nach etwa 1/2 cm tief einschneiden, die Fenchelstängel und den Thymian in die Bauchöffnung stecken.

Für die Sauce die Orangen und die Limette sorfältig schälen, von sämtlichen weißen Häuten befreien und die Filets aus den Trennhäuten lösen. Den dabei abtropfenden Saft auffangen und beiseite stellen.

Den Petersfisch innen und außen salzen und pfeffern. Dann in Tempuramehl wälzen und überschüssiges Mehl vorsichtig abklopfen. Den Fisch im heißen Öl-Butter-Gemisch auf beiden Seiten hellbraun anbraten; die ungeschälten, mit der breiten Messerklinge etwas geklopften Knoblauchzehen dazugeben und den Fisch im auf 220 Grad vorgeheizten Ofen etwa 15 Minuten braten.

Für die Sauce den Weißwein mit Schalottenwürfeln etwas einkochen, den Orangen- und Limettensaft zufügen und nach und nach die kalten Butterstückchen darunterschlagen. Die Basilikumblättchen samt den Zitrusfruchtfilets hineingeben und die Sauce mit Salz und Pfeffer abschmecken; sie sollte jetzt aber nicht mehr kochen.

Den dertigen Saint Pierre auf einer vorgewärmten Platte anrichten und die Sauce getrennt dazu reichen.

Waller im Riesling-Wurzel-Sud

Zutaten für 2 Personen

Für das Gemüse:

100 g Karotten
100 g Knollensellerie
1 Zwiebel
100 g Lauch (Porree)
Salz
30 g Butter
weißer Pfeffer aus der Mühle
Meerrettich, frisch gerieben
1/2 Bund Schnittlauch, in sehr feine Ringe geschnitten

Für den Waller:

3 Champignons, grob zerschnitten
1 Zwiebel, grob gewürfelt
10 g Meerrettich, frisch gerieben
1 Knoblauchzehe, grob zerschnitten
6 EL Champagner-Essig
50 ml Noilly Prat
100 ml trockener Weißwein
1/4 l Wasser
Salz, weißer Pfeffer aus der Mühle
5 weiße Pfefferkörner
2 Lorbeerblätter
2 Tranchen Waller von je etwa 220 g
80 g eiskalte Butter

Karotten, Sellerie und Zwiebel schälen und wie den geputzten, gewaschenen Lauch in feine Streifen schneiden. Alles in sprudelnd kochendem Salzwasser blanchieren, in Eiswasser abschrecken, dann abtropfen lassen.

Für den Sud die Champignons mit Zwiebel, Meerrettich und Knoblauch in einen Topf geben. Essig, Noilly Prat, Wein und Wasser angießen und alles mit Salz, Pfeffer, Pfefferkörnern und Lorbeerblättern würzen. Den Sud einmal aufkochen lassen und pikant abschmecken. Den Topf vom Herd nehmen, die Wallertranchen mit Salz und Pfeffer würzen, einlegen und 8-10 Minuten im nicht mehr kochenden Sud ziehen lassen.

Das vorbereitete Gemüse inzwischen in der Butter ansautieren und mit Salz und Pfeffer würzen.

Den Waller herausnehmen und auf einer vorgewärmten Platte warm stellen. Den Sud abpassieren, 300 ml davon abmessen und die kalte Butter in Flöckchen darunterschlagen. Diesen Sud auf das Gemüse geben, den Waller damit anrichten und mit Meerrettich und Schnittlauch bestreuen.

Eckart Witzigmann –
Neue Küche – neues Interesse am Wein

Paula Bosch

war Deutschlands erste Sommelière, und die Nr. 1 ist sie auch heute noch. Begonnen hat sie ihre Karriere im Interconti Köln und war danach 7 Jahre im Victorian Düsseldorf. Seit nunmehr 10 Jahren verwöhnt sie die Gäste im Münchner Tantris. Neben drei Büchern (die ersten beiden leider schon vergriffen) veröffentlicht Paula Bosch regelmäßige Kolumnen im 'Feinschmecker', im 'Wein-Gourmet' und – bereits seit 1996 – in der 'Süddeutschen Zeitung', wo sie seit zwei Jahren ihre Auslese auf die saisonalen Gerichte Eckart Witzigmanns fokussiert

Genau vor zwanzig Jahren, 1981, habe ich mich beim Hotelkonzern *Intercontinental*, Frankfurt als Commis Sommelier im Gourmet-Restaurant beworben. Zu dieser Entscheidung kam es aus zwei Gründen.

Erster Grund: Während meiner Tätigkeit als Chef de rang im Restaurant *Leimeister* in Königstein hatte ich meine Liebe zum Wein entdeckt. Der Hausherr pflegte schon zur damaligen Zeit eine außerordentliche Kollektion an internationalen Gewächsen, die er mir in mühevoller Kleinstarbeit näher brachte, um meine Neugier am Wein zu stillen. Den Beruf des Sommeliers kannte ich damals nur aus der Fachliteratur und wußte, dass er hauptsächlich in Frankreich und Italien – in Deutschland noch sehr selten und ausschließlich von Männern – ausgeübt wurde.

Zweiter Grund: In einem Magazin für Feinschmecker entdeckte ich, dass die Weinkarte und der Keller des Restaurants im *Interconti Frankfurt* mit höchsten Auszeichnungen belohnt wurden. Nach gründlicher Überlegung stand mein Entschluß zu einem Wechsel fest. „Da geh' ich hin." Pustekuchen! Denn meine freundlich aufgenommene Bewerbung im Personalbüro wurde beim Vorstellungsgespräch vom Restaurantdirektor und damaligem Präsidenten der deutschen Sommelier-Union abgelehnt. Sein Kommentar: „Von einer Frau lasse ich mir im Restaurant immer noch lieber morgens den Kaffee als abends den Wein servieren."

Entschlossen nicht klein beizugeben, kehrte ich dem Ort des Geschehens den Rücken. Meine noch bescheidenen Weinkenntnisse wurden in jeder freien Minute durch Lesen und Probieren ergänzt. Kurz darauf hatte ich eine Anstellung als erster weiblicher Sommelier (Sommelière) im selben Konzern, aber in Köln. Mit viel Fleiß tastete ich mich langsam an diese große Aufgabe heran. Mein Wunsch, in den Gästen die Freude am Wein zu wecken, ging in Erfüllung.

Die Welt der deutschen Feinschmecker war zu dieser Zeit immer noch auf wenige Top-Adressen begrenzt, die Anzahl

Beileibe keine nette, kleine Sammlung bunter Knöpfe, sondern vielmehr Erinnerungen an große Weine und/oder besondere Anlässe: Nur die Kapseln ausgewählter Weinflaschen haben eine Chance, in Paula Boschs „Kapselarium" aufgenommen zu werden. Und zu jeder gibt's eine Geschichte!

der hauptberuflich angestellten Sommeliers im Lande übersichtlich. Wurde man nach der Berufsbezeichnung gefragt, erntete man fragende, erstaunte Blicke.

Das Angebot an deutschsprachiger Fachliteratur war im Vergleich zum heutigen Angebot an Weinbüchern winzig. Zu den Standardwerken zählten: Hugh Johnson´s 'Großer Weinatlas', 'Die Großen Weinjahrgänge' von Michael Broadbent, Frank Schoonmakers 'Weinlexikon', von Duijker gab es Bände über Bordeaux, das Burgund, Südfrankreich, Champagne, Elsass und Loire. Hans Ambrosi verfasste die besten Standardwerke über deutsche Weine und ihre Lagen. Bassermann-Jordan schrieb die Geschichte des Weinbaus. Die 'Hohe Schule für Weinkenner' von Emile Peynaud wurde zur Pflichtlektüre der Sommeliers. Die Bände vom 'Gourmet', Johann Willsbergers fotografische Highlights, wurden von Köchen und Sommeliers gleichsam mit Begeisterung aufgenommen. Mir dienten sie als unentbehrliche Wegweiser zu den besten Weinen der Welt. Eine kleine Auswahl an Fachzeitschriften kam dazu, und das war´s dann im Großen und Ganzen.

Die Welle der Weinimporte, insbesondere aus Frankreich, war voll im Gang, und damit bildete sich auch ein Zeitgeschmack. Erst Chablis, dann Beaujolais, sie wurden vom Sancerre abgelöst. Aus Italien grüßten Chianti und später Pinot Grigio. Rioja war der spanische Favorit. Bordeaux und Burgunder wurden von fortgeschrittenen Weinkennern getrunken. Die (noch) zivilen Preise führten zu immer größer werdenden Kollektionen.

Mit den steigenden Importen, den damit wachsenden Angeboten wurde eine fachliche Info dringend notwendig. Neben ganz wenigen Spitzenbetrieben waren viele Weinhändler mit ihren umfangreichen Sortimenten überfordert, wenn es um sachliche Beratung ging. Beim Thema Wein und Speisenkombinationen kamen viele ins Schwitzen. Deutschsprachige Literatur zu diesem Gebiet existierte so gut wie nicht. Die wachsende Freude am Reisen in Nach-

Reisen, rund um den Globus, ist (meistens) für Paula Bosch ganz normale Arbeit. Besuche bei Winzern, Verkostungen und Kellerproben können ganz schön anstrengend sein, denn „wer das Weingut nicht kennt und nicht weiß, wie der Winzer arbeitet, der kauft auf Risiko", sagt sie. „Aber zum Glück bin ich heute mit vielen von ihnen so befreundet, dass sie mir sogar ihre Raritäten reservieren. Doch dafür wollen sie mich auch hin und wieder sehen. Solche Besuche machen Spaß, und manchmal sind wirklich nette Leute dabei. Der Eckart hat für Reisen eher selten Zeit! Doch es gibt Ausnahmen – für Portugal nahm er sich Zeit ohne Ende!"

barländer führte dazu, dass Weine und Speisen mitgebracht wurden. Für ständigen Nachschub sorgten pfiffige Importeure. Was wozu schmeckt, was zusammen passt und was nicht, welcher Wein wozu getrunken wird – ein Kapitel in der deutschen Gourmet-Szene wurde neu entdeckt. Eine große Chance für den neuen Beruf Sommelier. Der Wein wurde zum Schlachtfeld persönlicher Geschmacksfragen. Da waren englisch sprachige Publikationen wie 'Wine Spectator' und Robert Parkers 'Wine Advocate' willkommen. Sie dienten Importeuren, Sommeliers, und Weinliebhabern zugleich. Mit einem simplen Ratingsystem war alles erklärt.

Doch die Spielwiese wurde immer größer, schier undurchdringlich. Die Küchenchefs entdeckten neue Kombinationen, warfen klassische Rezepte über Bord. In den Töpfen sprudelten neue Ideen, Zusammenstellungen, die jeden Gast bei der Auswahl seiner Weine überforderten. Traditionelle Paarungen von Wein und Speisen wurden durch die Vielzahl von neuen Kreationen mit Kräutern, Saucen und Gewürzen zur Expertenfrage. Moden aus Frankreich belebten die deutsche Feinschmeckerei. Man denke nur an das simple Beispiel Rotwein zu Fisch, das einer ganzen Menge Erklärungen bedurfte, bis diese Verbindung zur Gaumenfreude wurde.

Eckart Witzigmann war der Mann der ersten Stunde, der sich mit seinen Rezepten auf die Weine konzentrierte. Er zauberte Rotwein-Soßen zum Fisch, verwendete zum guten Schluss, zum Abschmecken, einen kleinen Schluck des Weines, den die Gäste dazu tranken. Er reiste in die Welt des Weines, sammelte Erfahrung, wie unterschiedlich sich Burgunder, Bordeaux oder Champagner auf Gerichte abstimmen lassen. Seine Liebe und sein Respekt vor einer guten Flasche war unverkennbar. Mit seiner Art zu würzen, zu kombinieren erfreute er mein Herz als Sommelière. Lange träumte ich davon, irgendwann zu dieser Kochkunst Weine empfehlen zu dürfen. Leider klappt das nur noch auf dem Papier – ich kam zu spät.

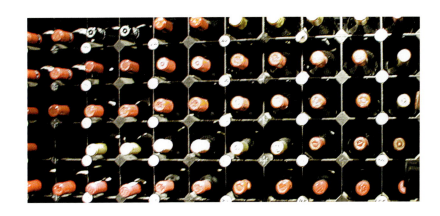

Die schwierige Entscheidung für Spitzenrestaurants und solche die es werden wollten, ob man einen Sommelier braucht oder nicht, wurde mit den immer umfangreicher werdenden Weinkarten, die selbst erfahrenen Gourmets viele Fragen offen ließen, letztendlich von selbst gelöst. Die Sommelerie hat an Bedeutung dazu gewonnen. Ihr Fachwissen wurde dringend notwendig. Zu dieser Tatsache gesellte sich das größte Dilemma auf dem Weinmarkt, das plötzliche Interesse an Rotweinen und eine enorme Nachfrage an großen Gewächsen aus Bordeaux, die nicht mehr enden wollenden Spekulationen am großen Geschäft, die Parkermanie und die dadurch verursachten explosionsartigen Preissteigerungen.

Außerdem kommen ständig neue Angebote aus Übersee – Ländern, die ihre Weinbautradition wieder entdecken oder andere, die eine ganze Weinindustrie neu aufbauen. Dank cleverer Marketing-Ideen und zahlreicher Publikationen wird der Verbraucher neugierig gemacht. Der Wein-Tourismus tut ein Übriges. Und last but not least wecken die elektronischen Medien das Interesse auch bei Menschen, die sich bisher nicht so stark für Wein interessierten. Neben dem Fernsehen bietet das Internet eine wahre Flut an Wein-Infos jeglicher Couleur. Mit dieser Fülle an Meldungen, Fakten, aber (leider oft) auch Halbwissen, ist der Laie wie auch der Weinfreund häufig überfordert und braucht dann den sicheren Rat des Fachmanns.

Weinfreunde suchen beim Erlebnis „Essen", den Kontakt zum Sommelier, um solche Fragen zu klären, Tipps für Neuentdeckungen zu bekommen, Reisen zu Winzern organisieren zu lassen und vieles mehr. Diese Erkenntnis führt auch bei uns immer mehr Patrons zur Erkenntnis, dass sich kompetente Sommeliers auf der pay-roll lohnen, weil sie nicht nur für mehr Gäste sorgen, sondern diese auch auf informative wie genussvolle Weise unterhalten. Folgendes war kürzlich in der Fachpresse zu lesen: „Als Medienfigur wird der Sommelier in Kürze zum Mittelpunkt des Restaurants aufsteigen!" Ob das wahr wird?

Oben ein Blick in den „Tageskeller" des Tantris, in dem nur ein paar hundert Weine liegen. „Nur!" sagt Paula Bosch, die Herrin über 70 000 Flaschen. In ihrer Korkensammlung finden sich Zeugen von Weinen aller Herren Länder, von roten und weißen, von guten, großen und von solchen „bei denen man einfach vor Achtung und Wonne niederknien möchte"

Rinderfilet mit Steinpilzkruste

Zutaten für 2 Personen

Für die Steinpilzkruste:

*100 g Steinpilze (geputzt gewogen)
Butter oder Öl zum Braten
20 g Weißbrot (ohne Rinde), in sehr feine Würfeln geschnitten
100 g Butter
1 Eigelb
50 g Weißbrotbrösel, ohne Rinde (Mie de pain)
2 EL gehackte Petersilie
Salz, weißer Pfeffer aus der Mühle*

Für das Rinderfilet:

*2 Rinderfilets aus dem Mittelstück von je etwa 200 g
Salz, weißer Pfeffer aus der Mühle*

Für die Sauce Beaujolaise:

*1 Schalotte, sehr fein gewürfelt
2 EL Butter
100 ml Beaujolais
ein paar frische Thymianblättchen
1 winziges Stück Lorbeerblatt
100 ml brauner, klarer Kalbsfond
Salz, weißer Pfeffer aus der Mühle*

Für die Steinpilzkruste die Steinpilze mit einem Tuch abreiben (möglichst nicht waschen) und sehr fein würfeln. In einer breiten Pfanne in wenig Fett unter Wenden braten, bis die austretende Flüssigkeit verdampft ist. Auf einem Teller erkalten lassen. Die Weißbrotwürfel in wenig Fett zu knusprigen goldgelben Croûtons braten und ebenfalls auf einem Teller abkühlen lassen. Die Butter schaumig rühren, das Eigelb zufügen, dann die Weißbrotbrösel samt Petersilie, Steinpilzen und Croûtons daruntermischen. Mit Salz und Pfeffer pikant abschmecken.

Das von Fett und Sehnen befreite Filet mit den Handballen leicht klopfen und in Form drücken. Auf dem Grill oder in der Pfanne kurz scharf anbraten; es muss noch blutig sein. Das Filet salzen und pfeffern, etwa 1 cm dick mit der Steinpilzmasse bestreichen und im auf 250 Grad (nur Oberhitze) vorgeheizten Backofen etwa 8 Minuten gratinieren.

Für die Sauce Beaujolaise die Schalottenwürfel in 1 EL Butter nur leicht andünsten, ohne Farbe nehmen zu lassen. Mit dem Beaujolais ablöschen, Thymian und Lorbeerblatt zufügen und den Wein bis auf ein Drittel einkochen lassen. Mit dem Kalbsfond aufgießen und alles bis zur Hälfte reduzieren. Die Sauce mit Salz und Pfeffer würzen und die restliche Butter darunterrühren.

Das Rinderfilet mit einem scharfen Messer aufschneiden, auf einer vorgewärmten Platte anrichten und die Sauce Beaujolaise seitlich angießen.

Dazu passen knusprige, sehr dünn geschnittene Pommes frites oder auch Pommes paysannes besonders gut. Zum Garnieren eignet sich Salat von frischen Kräuter der Saison, möglichst mit würzig-zarter Brunnenkresse.

Ragout von Maronen

Zutaten für 4 Personen

600 g Maronen
5 Stücke Würfelzucker
1/4 l Geflügelsud
250 g Rosenkohl (geputzt gewogen)
Salz
80 g geräuchertes Wammerl in dünnen Scheiben
1 EL Gänseschmalz
150 g kleine weiße Champignons oder Steinpilze (geputzt gewogen)
4 EL Butter
weißer Pfeffer aus der Mühle
frisch geriebene Muskatnuss
150 g Karotten, schräg in 2-3 mm dicke Scheiben geschnitten
200 g kleine milde Zwiebeln, geschält
1 Prise Zucker
80 g Petersilienwurzel, geschält und längs halbiert
4 Steinpilze, geputzt und längs geviertelt

Die Maronen mit einem spitzen Messer rundherum einschneiden und auf dem Blech im 220 Grad heißen Ofen 10 Minuten rösten, bis die Schalen aufplatzen. Diese und die dünnen Innenhäute entfernen (die Maronen dabei mit einem Tuch halten).

1 EL Wasser mit 3 Stücken Würfelzucker in einem Topf erhitzen und alles leicht karamellisieren. Maronen zufügen und unter Wenden leicht bräunen. Den Geflügelsud angießen und bei sanfter Hitze im zugedeckten Topf 25 Minuten kochen; die Flüssigkeit soll fast vollständig verdampft sein, die Maronen sollen glänzen.

Den Rosenkohl in sprudelndem Salzwasser 10 Minuten kochen, aber nicht zu weich werden lassen. Eiskalt abschrecken, dann abtropfen lassen.

Den Speck in kochendem Wasser blanchieren, abtropfen lassen und im Gänseschmalz 2-3 Minuten anbraten. Die Champignons kurz mitbraten, den Speck herausnehmen und beiseite stellen. 2 EL Butter samt Rosenkohl zu den Pilzen geben, alles mit Salz, Pfeffer und Muskat würzen und etwa 10 Minuten dünsten lassen.

Zur gleichen Zeit 1 Stück Würfelzucker mit 3-4 EL Wasser in einem Topf hellbraun karamellisieren und die Karotten darin anschwitzen. Mit 200 ml Wasser bedecken, 1/2 EL Butter und etwas Salz zufügen und etwa 20 Minuten leise köcheln lassen; die Flüssigkeit sollte dann verdampft sein.

Die Zwiebeln mit 1 Prise Zucker in kochendes Salzwasser geben und 5 Minuten vorgaren. In einem Sieb abtropfen lassen.

Den übrigen Würfelzucker mit 3-4 EL Wasser in einem Topf hell karamellisieren und die Zwiebeln darin unter Wenden leicht Farbe nehmen lassen. 200 ml Wasser angießen, salzen und pfeffern. Ein Blatt Pergament mit etwas Butter bestreichen, in die Mitte ein kleines Loch schneiden und das Papier auf die Zwiebeln legen. Diese 20 Minuten köcheln lassen, die Petersilienwurzeln zufügen und nochmals 10 Minuten köcheln lassen.

Die Steinpilze in der restlichen Butter braten, salzen und pfeffern. Das Pergamentpapier entfernen, die Steinpilze mit Maronen, Speck, Rosenkohl, Champignons und Karotten behutsam unter die Zwiebeln mischen. Die Petersilie zufügen und das Ragout nochmals pikant abschmecken.

Kalbsbries Rumohr

Zutaten für 4 Personen

Für das Bries:

500 g Kalbsbries (1 Nuss)
Zitronensaft
Salz, weißer Pfeffer aus der Mühle
400 g Lauch (Porree), nur die hellgrünen Teile, in sehr feine Streifen geschnitten
100 g Crème double
1 Eigelb
4 frische schwarze Trüffeln von je etwa 30 g
100 ml Madeira
4 Scheiben rohe Gänsestopfleber von je etwa 50 g
50 g geklärte Butter
1 TL Cognac
8 Filoteigblätter
flüssige Butter zum Bestreichen und Einfetten
8 Scheiben Parmaschinken, hauchdünn geschnitten
1 Eigelb zum Bestreichen

Für die Champagnersauce:

80 g Lauch (Porree), in Streifen, Salz
100 ml stark reduzierte Geflügelbrühe
100 ml Noilly Prat
100 ml Champagner Brut
12 grüne Pfefferkörner, zerdrückt
1 Schalotte, fein gewürfelt
200 g Crème double
1 TL Butter zum Sautieren
weißer Pfeffer aus der Mühle
80 g kalte Butter, in kleinen Stücken
Trüffelsud

Das Kalbsbries in ständig erneuertem Wasser 1-2 Stunden wässern, bis es völlig weiß ist. Mit etwas Zitronensaft in kaltes Salzwasser geben, aufwallen und neben dem Herd 10 Minuten ziehen lassen. Unter kaltem Wasser abschrecken, von sämtlichen knorpeligen und häutigen Teilen befreien und zwischen zwei Tellern, mit einem Gewicht beschwert, über Nacht pressen.

Am nächsten Tag das Bries in 50 g schwere Stücke teilen und mit Salz, Pfeffer und Zitronensaft würzen.

Den Lauch in kochendem Salzwasser kurz aufkochen, eiskalt abschrecken und in einem Passiertuch gut abtrocknen. Die Crème double dickflüssig einkochen und die Lauchstreifen darin einmal stark aufkochen lassen. Neben dem Herd mit dem verquirlten Eigelb binden, abschmecken und abkühlen lassen.

Die Trüffeln unter fließendem Wasser abbürsten, abtrocknen und in 1 cm dicke Scheiben schneiden. In einer Sauteuse mit dem Madeira begießen, 3 Minuten dünsten, abgießen und den Sud für die Sauce beiseite stellen.

Die Gänseleberscheiben – möglichst in die gleiche Form wie das Bries geschnitten – in der geklärten Butter schnell auf beiden Seiten anbraten, aus der Pfanne nehmen, mit Cognac beträufeln und leicht würzen.

Je 2 Filoteigblätter mit Butter bestreichen, auf einem Tuch übereinanderlegen, in 20 cm große Quadrate schneiden und in Randnähe mit je 2 Scheiben Parmaschinken belegen. Bries, Trüffelscheiben und Gänseleber darauf schichten und den Lauch drumherum verteilen. Den Schinken darüberklappen und den Teig mit Hilfe des Tuches zweimal um die Füllung rollen. Überflüssigen Teig abschneiden, die Enden mit verquirltem Eigelb bepinseln und nach unten einschlagen. Die Briespakete auf einem gefetteten Blech im 220 Grad heißen Backofen 35 Minuten backen.

Für die Sauce den Lauch blanchieren, abschrecken und abtropfen lassen. Die Geflügelbrühe mit Noilly Prat, der Hälfte des Champagners, Pfefferkörnern und Schalotte reduzieren, bis die Mischung dickflüssig geworden ist. Die Crème double zufügen und alles sämig einkochen lassen.

Inzwischen den Lauch kurz in der Butter sautieren, salzen und pfeffern.

Die Sauce durch ein Haarsieb passieren, wieder aufkochen, den übrigen Champagner zufügen und die Sauce mit den Butterstückchen montieren. Mit Trüffelsud, Salz und Pfeffer pikant abschmecken.

Den Lauch und die Sauce auf vorgewärmte Teller geben, die Briespakete halbieren und darauf anrichten.

Eckart Witzigmann –
Man esse bei ihm Tafelspitz…

Gert von Paczensky

ist Journalist und Schriftsteller mit den Schwerpunkten Kolonialgeschichte und Gastronomie. Er gehörte in den 60er Jahren als Gründer des Fernseh-PANORAMA, in den 70ern als Moderator von III nach 9 und Chefredakteur bei Radio Bremen zur journalistischen Prominenz Deutschlands. Gert v. Paczensky begann vor fast 3 Jahrzehnten als Erster in 'essen & trinken' mit systematischer bundesweiter Restaurantkritik. Er verfasste die Standardwerke „Cognac" und „Champagner" sowie Bücher über die Geschichte der „Dritten Welt"

Eckart Witzigmann als großen Meisterkoch entdeckt zu haben, kann ich mir nicht schmeicheln. Ich erhielt den Tip von Arne Krüger, und den ersten 'Michelin'-Stern hatte er ja schon, wenngleich die Resonanz des 'Michelin' damals sehr bescheiden war. Aber ich bin stolz darauf, Witzigmann als erster bundesweit bekannt gemacht zu haben, sozusagen mit großer Fanfare, und damit habe ich seinen Weg zum verdienten Ruhm, der natürlich allein sein eigenes Verdienst war, wohl ein bißchen abgekürzt. Das war 1973, dem Jahr, in dem 'essen & trinken' die systematische, überregionale Restaurantkritik in Deutschland startete. Damals konnte ich meinen überaus positiven Eindruck nicht nur in 'e&t' schildern, sondern auch im 'stern'. Da der 'stern' als Wochenblatt wesentlich schneller sein konnte als das Monatsmagazin 'e&t', erschien mein Lob, das auf der gleichen Serie von Besuchen im Münchner *Tantris* beruhte, zuerst im 'stern', der damals eine Auflage von weit über 1,5 Millionen hatte.

„Dies ist fraglos eines der besten Restaurants in der Bundesrepublik", schrieb ich, und dass Witzigmann manche berühmte französische Köche übertreffe. „Man esse bei ihm Tafelspitz, um zu erfahren, wie dieses gekochte Ochsenfleisch, das bei so vielen anderen verachtet als 'Suppenfleisch' rangiert, angerichtet sein und schmecken kann. Man koste seine Hechtklöße, leicht und von zartem Geschmack in einer Sahnesauce, wie man sie nur noch bei den Meisterköchen in Lyon bekommt." Und so weiter ('stern' 29, Mitte Juli 1973).

Den Tafelspitz hätte ich beinahe verpasst. Als Jürgen Schmidt (Grashoff, Bremen) und ich zum ersten Mal ins *Tantris* gekommen waren, gab es keinen. Witzigmann aber meinte, wir müßten ihn unbedingt probieren, am übernächsten Mittag werde er welchen machen. Er konnte nicht ahnen, mit wie geringem Appetit wir dann tatsächlich erschienen – wir hatten tagelang Restaurants ausprobiert, meist schlechte, und sehnten uns danach, endlich nach Hause zu fahren und zu fasten. Aber als wir dann kosteten,

Junge Leute auf der Siegerstraße. Wer (wie hier) im Tantris bei Eckart Witzigmann lernen durfte, bekam den beruflichen Erfolg fast vorprogrammiert. Wer es schaffte, hier Mustergültiges zu leisten, hatte die nötigen Voraussetzungen. Wie einst Eckart Witzigmann bei Paul Bocuse, der sich unten mit ihm, Gerald Gratzer und dem viel versprechenden Walter Glocker zeigt

kehrten unsere Lebensgeister munter wieder. Diese Geschmackserfahrung hätten wir wirklich nicht missen dürfen. In 'essen & trinken' folgte bald danach mein Rat: „Dieses Restaurant sollte zum Pflicht-Reiseziel für deutsche Feinschmecker werden – aber auch für alle diejenigen Wirte und Köche, die ebenfalls einen hohen Standard bieten wollen und sich von uns ungerecht kritisiert fühlen." Deutsches Publikum und Branchenkollegen „könnten im *Tantris* sehen und schmecken, wie man ohne viel Firlefanz, aber mit Phantasie, erstklassig kocht." Ich zeigte mit vielen Beispielen, abgesehen von den fabelhaften Gerichten, dass hier auch das Drum und Dran vorbildlich sei, Leistung und Service so erstklassig, wie man es damals von kaum einem deutschen Restaurant gewohnt war. Für solche Qualität müsse man tief in die Tasche langen, resümierte ich in 'stern' und 'e&t', „aber teuer sind bekanntlich auch schlechte Restaurants." Was man damals so teuer fand: pro Person ein Essen mit Wein zwischen 50 und 80 Mark. Das waren noch Zeiten. Damals bot Witzigmann eine ziemlich riesige Speisenauswahl an – auf Dauerkarte und Tageskarte zusammen acht Suppen, siebzehn kalte und sechs warme Vorgerichte, elf Fisch- und siebzehn Fleischzubereitungen. Eine so riesige Karte war damals durchaus üblich, aber fast nirgendwo entsprach dann die Kochkunst der ausgedehnten anpreisenden Ausmalung. Witzigmann meinte, es werde lange dauern, bis er die Münchner daran gewöhnen könne, dass ein Lokal wie seines nur eine kleine Zahl erstklassiger Spezialitäten anbiete. In 'essen & trinken' betrachteten wir von Anfang an kritisch nicht nur Lokale, sondern auch die Restaurantführer, damals 'Michelin' und 'Varta'. „Die Einstufung im 'Varta' ist ungerechtfertigt niedrig – kaum eines der im 'Varta' höher eingestuften Lokale kann dem *Tantris* das Wasser reichen." Und der Stern des 'Michelin' sei zwar vollauf berechtigt, wenn man aber vergleicht, welche anderen Restaurants dieser Reiseführer zuweilen mit Sternen bedenkt, müsste *Tantris* zwei haben." Im 'Michelin' des folgenden Jahres hatte es sie dann.

Österreichische Mehlspeisen

Mohr im Hemd

Zutaten für 6-8 Personen

Für die Mohren:

70 g dunkle Kuvertüre
Butter und Zucker zum Einfetten und Ausstreuen
70 g zimmerwarme Butter
6 Eigelb (120 g)
10 ml Stroh Rum (80 %-Vol.)
6 Eiweiß (180 g)
1 Prise Salz
80 g Zucker
40 g Mandeln, leicht geröstet, geschält und gerieben

Für die warme Schokoladensauce:

100 g dunkle Kuvertüre
50 g Vollmilch-Kuvertüre
1/8 l Milch
100 g Sahne
1/2 Vanilleschote
75 g handwarme Butter
nach Wunsch 10 ml Cognac, Rum oder Grand Marnier
250 g halb aufgeschlagene Sahne
4 EL Rumtopffrüchte

Den Backofen auf 250 Grad Unterhitze und 80 Grad Oberhitze vorheizen (siehe dazu den Tipp am Ende des Rezeptes). Die Kuvertüre im Wasserbad schmelzen und auf Zimmertemperatur abkühlen lassen. 6-8 Soufflé-Förmchen (Ø 8 cm) sorgfältig mit Butter einfetten, mit Zucker ausstreuen und in den Kühlschrank stellen. Die Fettpfanne des Ofens mit Küchenpapier auslegen.

Die Butter schaumig schlagen, die Eigelbe einzeln (das nächste immer erst dann, wenn das vorhergehende völlig untergemischt wurde) zufügen. Kuvertüre und den Rum darunterrühren.

Das Eiweiß mit Salz und 1/3 des Zuckers auf langsamer Stufe aufschlagen. Sobald der Schnee fest ist, nach und nach den übrigen Zucker langsam unter ständigem Schlagen einrieseln lassen. Zum Schluss auf höchster Stufe schlagen, damit der Schnee Volumen bekommt. Zuerst 1/3 des Eischnees unter die Auflaufmasse heben, dann den Rest und anschließend die Mandeln darunterziehen. Die Masse in die vorbereiteten Formen geben, die nur zu etwa 3/4 gefüllt sein dürfen. In die Fettpfanne stellen und seitlich so viel kochendes Wasser angießen, dass die Formen zu einem Drittel im Wasser stehen. Auf die untere Schiene des Ofens stellen und die Aufläufe in 20 Minuten garen. Herausnehmen und kurz ruhen lassen.

Während die Aufläufe garen, die Kuvertüren hacken. Milch und Sahne mit der aufgeschlitzten Vanilleschote aufkochen, zur Kuvertüre geben und diese völlig darin lösen. Die handwarme Butter aufschlagen. Sobald die Kuvertüremischung und die Butter die gleiche Temperatur haben, die Mischung unter Rühren in die Butter gießen. Nach Wunsch mit Cognac, Rum oder Grand Marnier aromatisieren. Die Schokoladensauce in tiefe Teller geben, die Mohren stürzen, hineinsetzen, mit halb aufgeschlagener Sahne krönen und die Rumtopffrüchte in die Sauce setzen.

Tipp:
Bei Haushaltsbacköfen mit nicht separat regulierbarer Ober- und Unterhitze geht's auch so: Ein Backblech mit der Wölbung nach oben, eines mit der Wölbung nach unten, gegeneinander auf die obere Ofenschiene schieben (evtl. zusätzlich mit Alufolie umwickeln), um die Oberhitze abzuschwächen. Die Soufflés auf der unteren Schiene des 250 Grad heißen Ofens im Wasserbad garen.

Marillen-Palatschinken

Zutaten für 4 Personen

Für die Marillen:

30 g Zucker
100 ml Champagner
200 ml Moscato d'Asti (Dessertwein aus dem Piemont)
2 cl Weißwein
5 vollreife Marillen (Aprikosen)
1-2 EL Marillenkonfitüre
2 cl Aprikosenlikör

Für die Palatschinken:

170 g Butter
370 ml Milch
150 g Mehl
4 Eier (200 g)
abgeriebene Schale von je
1 unbehandelten Zitrone und Orange
20 g Vanillezucker
1 Prise Salz
50 ml geschmacksneutrales Öl
60 g geklärte Butter oder Butterschmalz
Puderzucker zum Bestäuben

Den Zucker goldgelb karamellisieren lassen. Nach und nach mit Champagner ablöschen, dann den Moscato d'Asti und den Weißwein zufügen und aufkochen lassen. Eine Marille zerschneiden und entsteint zufügen. Kochen, bis sie sehr weich ist. Dann samt dem Sud durch ein Sieb drücken, die Marillenkonfitüre hineinrühren und alles unter Rühren etwas einkochen lassen. Die übrigen Marillen in kochendem Wasser blanchieren, eiskalt abschrecken und häuten. Im kochenden Sud sekundenlang aufkochen lassen, vom Herd nehmen und etwa 2 Stunden ziehen lassen. Sobald der Sud lauwarm ist, den Aprikosenlikör daruntermischen.

Die Butter sanft erhitzen, den Schaum abnehmen und die Butter leicht bräunen. Ist sie goldbraun, sofort durch ein Mulltuch abseihen. Diese „Nussbutter" leicht abkühlen lassen.

Milch und Mehl verrühren, die Eier zufügen und danach die Zitronen- und Orangenschale sowie den Vanillezucker und das Salz. Mit dem elektrischen Stabmixer die handwarme Nussbutter und das Öl darunterarbeiten und den Teig 30 Minuten ruhen lassen.

Den Teig danach durch ein Haarsieb passieren. Eine gusseiserne Pfanne mit geklärter Butter ausreiben und erhitzen. Etwas Teig hineingeben und eine hauchdünne Palatschinke backen. Für jede weitere Palatschinke zuerst den Teig in die Pfanne geben und danach den Pfannenrand dünn mit Butterschmalz einpinseln. Die Palatschinken zwischen Backpapier im 75 Grad warmen Ofen warm stellen, bis alle gebacken sind.

Die Marillen samt dem Sud leicht erwärmen. Die Palatschinken auf Tellern anrichten, mit Puderzucker bestäuben, die Marillen anlegen und mit dem Sud überziehen.

Apfelstrudel

Zutaten für 6 Personen

Für den Teig:

300 g Mehl
150 ml lauwarmes Wasser
50 ml Öl
5 g Salz
Mehl zum Ausrollen
80 g geklärte Butter zum Bestreichen

Für die Füllung:

1,2 kg aromatische Äpfel (wie zum Beispiel Cox Orange)
60 g Butter
120 g Briochebrösel (siehe Tipp am Ende dieser Seite)
100 g Zucker
Saft und abgeriebene Schale von 1 unbehandelten Zitrone
abgeriebene Schale von 1 unbehandelten Orange
80 g Walnüsse, fein gehackt
1 TL gemahlener Zimt
60 g Rosinen
3 cl Rum
250 g saure Sahne
Puderzucker zum Bestäuben

Das Mehl sieben und mit Wasser, Öl und Salz zu einem völlig glatten Teig verkneten, zur Kugel formen, leicht mit Öl bestreichen und in Klarsichtfolie gewickelt 1 Stunde bei Zimmertemperatur ruhen lassen.

Die Äpfel schälen, vierteln, entkernen und in Scheiben schneiden. Die Butter in einem Topf erhitzen und darin die Briochebrösel anrösten. Ein Drittel der Brösel herausnehmen und beiseite stellen. Ein Drittel der Äpfel im Topf kurz erhitzen. Zitrussaft und -schalen mit Nüssen, Zimt, Rosinen und Rum untermischen und alles dann mit den rohen Äpfeln vermengen.

Den Teig auf einem großen, mit Mehl bestäubten Tuch dünn ausrollen. Dann den Teig mit den Händen von der Mitte aus zum Rand hin hauchdünn ausziehen (man muss eine Zeitung durch ihn hindurch lesen können!) und mit etwas flüssiger, aber nicht mehr heißer Butter bestreichen. Die Briochebrösel als Strang auf die vordere Seite des Teiges streuen, mit der Apfelfüllung bedecken und diese mit der sauren Sahne begießen. Den Teig mit Hilfe des Tuches anheben und den Strudel 3-5mal aufrollen. Den Strudel in eine gefettete Form legen, mit geklärter Butter bestreichen und auf der Mittelschiene des auf 220 Grad vorgeheizten Ofens 20-30 Minuten backen. Dabei häufig mit Butter bestreichen. Mit Puderzucker bestäubt servieren. Cremiges Vanilleeis ist köstlich dazu.

Topfenknödel

Zutaten für 4 Personen

Für die Knödel:

250 g frisches Weißbrot ohne Rinde
90 g Butter
90 g Puderzucker
15 g Vanillezucker
abgeriebene Schale von je 2 unbehandelten Zitronen und Orangen
1 Prise Salz
3 Eigelb (60 g)
3 Eier (150 g)
800 g Magerquark, durch ein feines Haarsieb passiert
1/2 Rezept Briochebrösel (siehe Tipp rechts)
Puderzucker zum Bestäuben

Für das Kochwasser:

1 TL Salz (gehäuft)
je 1 Orangen- und Zitronenscheibe von ungespritzten Früchten
100 ml Rum

Das Weißbrot fein würfeln. Die Butter mit dem Puderzucker schaumig rühren. Vanillezucker mit Zitronen- und Orangenschale und Salz zufügen und alles gründlich verrühren.

Dann nach und nach Eigelb und danach die Eier einrühren. Zum Schluss den Quark darunterschlagen und die Brotwürfel locker unterheben. Die Masse zugedeckt 2 Stunden im Kühlschrank ruhen lassen und dabei alle 30 Minuten mit einem Gummispatel vorsichtig durchrühren.

In einem großen Topf reichlich Wasser mit Salz, den Zitrusscheiben und Rum aufkochen. Die Topfenmasse zu Knödeln formen und diese in das Kochwasser legen. Einmal ganz kurz aufkochen, dann sofort den Deckel auflegen, den Topf vom Herd nehmen und die Knödel in 12-16 Minuten gar ziehen lassen.

Die Knödel aus dem Wasser heben, abtropfen lassen und in den heißen Briochebröseln wenden. Mit Puderzucker bestäubt servieren und nach Wunsch Rhabarberkompott und etwas schaumig geschlagene Sahne dazu reichen.

Briochebrösel

125 g altbackene, entrindete Brioches nicht zu fein mahlen. 250 g Butter in einer Pfanne aufschäumen lassen, je 10 g Zucker und Vanillezucker mit 5 g Honig unterrühren und die Briochebrösel mit 20 g geschälten, fein geriebenen Mandeln und 5 g fein gehackten Walnüssen hinzufügen. Alles unter ständigem Rühren goldbraun rösten. In eine Schüssel geben und die abgeriebene Schale von je 1/2 unbehandelten Orange und Zitrone sowie 1 Msp. gemahlenen Zimt daruntermischen.

Lebkuchen-Soufflé mit Altbier-Sabayon

Zutaten für 6 Personen

Für die Preiselbeeren:

500 g frische Preiselbeeren
200 g Zucker

Für das Lebkuchen-Soufflé:

Butter und Zucker für die Förmchen
80 g dunkle Kuvertüre
80 g Butter
50 g Zucker
4 Eigelb
140 g Oblaten-Lebkuchen
4 cl lauwarme Milch
1 Msp. abgeriebene Zitronenschale
60 g gehackte Walnüsse
4 Eiweiß (kühlschrankkalt)

Für den Altbier-Sabayon:

1/8 l Altbier
20 g Zucker
Saft von 1/2 Zitrone
1 Msp. gemahlener Zimt
4 Eigelb

Die Preiselbeeren verlesen und waschen. Zucker hinzufügen und mit dem Knetarm (Bischoff) der elektrischen Küchenmaschine so lange verrühren, bis der Zucker völlig gelöst ist. Kalt stellen.

Für die Soufflés 6 Soufflé-Förmchen mit Butter sorgfältig einfetten, mit Zucker (oder auch mit einer Zucker-Grieß-Mischung) ausstreuen und bis zum Gebrauch in den Kühlschrank stellen. Die Kuvertüre fein hacken und im Wasserbad auflösen, Butter und Zucker schaumig schlagen, Eigelb und die flüssige Kuvertüre nach und nach darunterrühren.

Die Oblaten-Lebkuchen raspeln, mit der lauwarmen Milch anfeuchten und samt der Zitronenschale und den Walnüssen unter die Eimasse mischen.

Eiweiß in einer fettfreien Schüssel steif schlagen und dabei den Zucker einstreuen. Zunächst ein Viertel des Eischnees unter die Soufflé-Masse heben, dann den Rest darunterziehen.

Die Formen bis knapp unter den Rand mit der Masse füllen und im Wasserbad im auf 200 Grad vorgeheizten Backofen in 25-30 Minuten gar ziehen lassen.

Für das Altbier-Sabayon sämtliche Zutaten in einen Schlagkessel oder in eine Schüssel mit rundem Boden geben und über Dampf schaumig aufschlagen.

Die Lebkuchen-Soufflés auf tiefe Teller stürzen, mit dem Altbier-Sabayon umgießen und mit je einem großen Löffel voll mit Zucker gerührten Preiselbeeren garnieren.

Tipp:
Es ist ratsam, diese Art von Preiselbeeren in größeren Mengen auf Vorrat zu machen. Sie bleiben im Kühlschrank problemlos einige Wochen frisch und passen außer zu Desserts wunderbar zu vielen Wildgerichten.
„Übrigens habe ich dieses Preiselbeerrezept aus Schweden mitgebracht."

Eckart Witzigmann –
Der Meister der Meisterköche

Christoph Wagner

studierte Germanistik, Anglistik und Kulturelles, begann seine Laufbahn als Theater- und Literaturkritiker, war 14 Jahre lang Chefredakteur des 'Gault-Millau Österreich' und verfasste zahlreiche Kochbücher. Wagner ist Herausgeber des Gastronomieführers „Wo isst Österreich?", wöchentlicher Gourmetkolumnist des 'profil', außerdem Mitarbeiter zahlreicher deutschsprachiger Publikationen wie Geo, FAZ, Merian, Gusto u.v.a. Der Autor lebt in Wien.

Wenn Köche zu vorgerückter Stunde bei einem Gläschen Champagner oder einem Bierchen redselig werden, so kommen sie meist sehr schnell auf Branchenkollegen zu sprechen, und es ist nicht immer das Beste, was man dann über dieselben zu hören bekommt. Da wird darüber gerätselt, wie der eine zu seinen Sternen kam, und bezweifelt, daß der andere seine Kochmützen wirklich wert sei. Kurzum: Es verhält sich so ähnlich wie in allen anderen Künsten auch. Warum sollten Köche weiser sein als Literaten, Designer, Filmschauspieler oder Primadonnen? Es gibt, wenn Köche übereinander reden, jedoch eine Ausnahme, einen Namen, an dem jegliche Kritik abprallt, weil sie den Kritiker augenblicklich desavouieren würde. Dieser Name ist Eckart Witzigmann. Erst unlängst führte ich ein Gespräch mit einem bekannten Spitzengastronomen, der alle großen „Dreisterner" Deutschlands, Frankreichs und Spaniens so wortreich wie akribisch „auseinandernahm". Als ich ihn dann fragte, wessen Kunst (außer seine eigene) er denn eigentlich noch gelten lasse, kam die Antwort ohne Zögern: „Witzigmann", sagte er, dachte kurz nach, und ließ den Namen auf seiner feinen Zunge zergehen: „Witzigmann, das ist das Maß aller Dinge."

„Chefberührung" als Adelsprädikat

Mit, unter oder gar neben „dem Chef", wie Witzigmann in der Branche einhellig genannt wird, gekocht zu haben, gilt unter Köchen weltweit als kulinarisches Adelsprädikat. Freilich besteht auch in diesem ungeschriebenen Gotha der Meisterköche eine klare Hierarchie. Da gibt es vor allem solche, die – wie man in der alten Habsburgermonarchie sagte – mit dem Kaiser nur „die Stiefel gewetzt haben". Gemeint sind jene nahezu unzählbaren Volontäre, Küchenkiebitze, Häferlgucker und klammheimlichen Betriebsspione, die einmal ein paar Tage oder allenfalls ein paar Wochen „Chefberührung" hatten. Die meisten von ihnen sahen Witzigmann nur von weitem und spürten die Autorität des Chefs lediglich über dessen Commis. Die Glücklicheren unter ihnen wurden vom Chef indessen auch einmal persönlich wegen einer Fehlleistung „zur Sau gemacht" – und werden von dieser „Ehre" noch ihren Enkelkindern zu erzählen wissen.

Witzigmann hat ein ganzes Heer von Initiierten auf ihren weiteren Berufsweg entlassen, die den Ehrentitel „Witzigmann-Schüler" wie einen kulinarischen Hosenbandorden tragen und stolz in ihren Biografien und Hausprospekten darauf hinweisen, obwohl sich der Lehrmeister selbst weder an ihre Gesichter noch an ihre Namen erinnern kann. Dennoch sind sie es, die nicht nur Witzigmanns Ruhm in alle Ecken Europas (vielfach auch noch wesentlich weiter) getragen haben, sondern auch seine Philosophie der Rückbesinnung auf das Produkt und der – wie es der heutige Vierhaubenkoch und jahrelange Witzigmann-Souschef Jörg Wörther formuliert – „Erfindung einer neuen Herzhaftigkeit". Wörther zählt zu jener relativ kleinen Gruppe von Eingeweihten, die auch der „Chef" selbst als „Schüler" akzeptiert, allerdings eher in jenem Sinne, in dem wohl auch Vermeer oder Rembrandt von ihren Schülern gesprochen haben mögen, nämlich jenen engsten Mitarbeitern, die vom Meister so lange geprägt wurden, bis sie ihm an Meisterschaft ebenbürtig waren. „Die *Aubergine* war so etwas wie eine Geschmackswerkstatt, von der vieles ausging und sich in konzentrischen Kreisen weiter bewegte", erinnert sich Wörther an seine Zeit an Witzigmanns Seite und fügt, nicht ohne eine gewisse Traurigkeit, hinzu: „Seit die *Aubergine* geschlossen ist, hat die deutsche Küche wieder an jener Eigenart und stilistischen Unverwechselbarkeit verloren, die sie durch Witzigmann im Laufe von zwei Jahrzehnten gewonnen hat."

Der „kulinarische Urmeter"

Wie aber läßt sich die Eigenart dieses „kulinarischen Urmeters des ausgehenden 20. Jahrhunderts" heute beschreiben? Was war es, das die „Handschrift Witzigmanns" so unverwechselbar machte, daß sie auch noch im entlegens-

1975 kreiert Eckart Witzigmann ein Gericht, das Furore macht und heute als absoluter Klassiker gilt: das Kalbsbries Rumohr, eine Hommage an Carl Friedrich von Rumohr, den großen Gastrosophen des 19. Jahrhunderts. Im Bild oben richtet er es gerade zum Servieren an. Was er im Foto darunter macht, wird nicht ganz klar. Beobachtet er konzentriert einen seiner Schüler oder entsteht in seinem Kopf gerade eine kulinarische Neuschöpfung?

Ursprünglich konnten die Gäste im Tantris den Köchen bei der Arbeit zuschauen; Restaurant und Küche waren nur durch den großen Grill und die Delikatessen-Vitrinen getrennt. So konnte es leicht passieren, dass man „den Chef" auch mal auf der „Gästeseite" des Herdes antraf. Lieber jedoch stand er direkt hinter dem Herd „Hier und am Pass, da werde ich gebraucht. Da ist mein Platz!" Oui, chef!

ten Winkel Schleswig-Holsteins oder der Südsteiermark sofort wiederzuerkennen ist? Nehmen wir zum Beispiel die Rote Bete. Nicht daß Witzigmann sie erfunden oder als erster verwendet hätte. Als er jedoch in den 80ern damit begann, seine Zander-Suprême oder seinen Kaninchenrücken darauf anzurichten, erlebte dieses schlichte Gartengemüse allenthalben eine wundersame Metamorphose vom Bestandteil des „gemischten Salats" hin zu einer geschmacks- und stilbildenden Zutat.

Obwohl Eckart Witzigmann wahrscheinlich Hunderte von Gerichten kreiert hat (oder seine engsten Mitarbeiter dazu animierte, ihm immer wieder neue Kreationen anzubieten), läßt sich Witzigmanns Einfluß auf die internationale Küche, anders als etwa jener Auguste Escoffiers, nicht anhand bestimmter Gerichte abhandeln. Witzigmanns „Pfirsich Melba" wird man vergeblich suchen (auch wenn etwa sein Kaninchenbeuscherl auf ähnliche Weise legendär ist.) Witzigmanns Beitrag liegt nicht in der Erfindung neuer „Klassiker", sondern vielmehr in der Begründung einer neuen Art, kulinarisch zu denken. So legte er den Schwerpunkt seiner Kreativität auf das Ersinnen einfacher und schlüssiger Harmonien, wie etwa jener von Lauch und schwarzen Trüffeln, Huhn und Zunge, Gänseleber und Rotkraut, Flußkrebsen und Blumenkohl – und das gerade zu einer Zeit, in welcher man sich andernorts an mit Blattgold überzogenen Trüffelsuppen und ähnlichen manieristischen Kinkerlitzchen versuchte.

Witzigmanns kulinarisches Genie schließt jedoch nicht nur ein fast schon visionäres Gefühl für die perfekte „Marriage" einfachster und edelster Zutaten ein, sondern auch eine höchst individuelle Form von Traditionalismus, der freilich nicht das Geringste mit Konservativität zu tun hat. Im Gegenteil: Was Witzigmanns Werkstatt in *Tantris* und *Aubergine* verließ, trug fast immer den Geschmack der kulinarischen Revolte in sich. Dennoch war es „der Chef", der seine Brigade dazu anhielt, sich auf in Vergessenheit geratene Techniken wie etwa jene des Schmorens, der richtigen

Zubereitung klassischer „Grosses Pièces", dem Einbraten einer perfekten „Gefüllten Kalbsbrust" oder dem Neuüberdenken des klassischen Soufflés vor dem Hintergrund eines im Wandel befindlichen Ernährungsbewußtseins zu besinnen.

Ein Diener am Produkt

Witzigmanns vielleicht größtes Verdienst ist es jedoch, dem Gemüse in der großen Küche einen völlig neuen Stellenwert gesichert zu haben. Obwohl Witzigmanns Küche niemals vegetarisch war, kann man seine Kochbücher mit ein wenig Phantasie fast durchgehend als Gemüse-Kochbücher lesen. Man wird darin kaum ein Gericht finden, in dem er Grundprodukten wie Kohl, Wirsing, Linsen, Bohnen, Lauch, Gurken, Sellerie, Kohlrabi, Zuckererbsen oder Spinat nicht eine völlige Neuinterpretation abgewänne. Wobei diese Interpretation bei aller Komplexität der zugrunde liegenden Rezepte meist darauf hinausläuft, daß ein perfektes Grundprodukt keiner besonderen „Nachhilfe" aus der Kiste der Küchentricks bedarf, sondern oft lediglich einer sorgsamen und schonenden Behandlung, um aus sich selbst heraus überzeugend zu wirken. Witzigmann ist in diesem Sinne niemals ein selbstverliebter Küchengaukler gewesen, sondern stets ein Diener am Produkt und dessen geschmacklicher Identität geblieben.

Witzigmanns Schüler – nicht nur, aber vor allem seine Lieblingsschüler – haben diese Botschaft in die Küchen der Welt getragen, wo der Witzigmann'sche Denkansatz für eine völlig neue, und doch tief im Traditionellen verwurzelte Art zu kochen, immer noch so allgegenwärtig ist wie „der Chef" selbst. Einer seiner Schüler, mittlerweile selbst ein wohl bestallter Gastronom, antwortete mir, als ich ihn unlängst auf seine „Lehrjahre" im Team von Eckart Witzigmann ansprach, mit vor freudiger Erregung funkelnden Augen: „Wenn er in diesem Augenblick bei der Tür hereinkäme, der Chef, stramm würde ich stehen, und keinen Mucks würde ich machen. Chef, würde ich dann sagen, Sie werden hier alles so vorfinden, wie Sie es damals angeordnet haben."

Mit dem Rücken zur Wand? Ja, vor dieser schon. Wer sich hier mit Eckart Witzigmann fotografieren lassen durfte, hatte schon die erste Stufe zu den „höheren Weihen" erreicht. Aber er musste sich beweisen. Ob beim Mise en place oder beim Anrichten am Pass – der Meister sah alles. Und: Nur was er für untadelig befand, verließ die Küche

Aubergine

Eckart Witzigmann –
Drei Sterne für die Aubergine

"Nach zwei Wochen wäre ich am liebsten wieder zurück ins *Tantris* gegangen." Noch heute erinnert sich Eckart Witzigmann mit Grausen an die ersten Tage in der *Aubergine*. Plötzlich musste er sich um alles, aber auch wirklich alles kümmern. Außenstände anzumahnen, fiel jetzt auch in sein Ressort. Und das war eine Arbeit, die ihm äußerst lästig war. Der Tiefpunkt freilich war erreicht, als ein Mitarbeiter kam und sagte: „Chef, wir haben kein Toilettenpapier mehr."

Nach siebeneinhalb Jahren als Küchenchef bei Fritz Eichbauer und der Arbeit im Spitzenrestaurant mit mehr als 100 Plätzen war Witzigmanns Wunsch gewachsen, ein eigenes Restaurant zu führen. Er hatte im *Tantris* Pionierarbeit geleistet, hatte der neuen französischen Küche, der Nouvelle cuisine, zum Durchbruch in Deutschland verholfen, ihr Profil gegeben und neue Akzente gesetzt. Das Restaurant mit dem geheimnisumflorten Namen war zu dem Ort in der Bundesrepublik geworden, an dem die Hochkultur des Essens zelebriert wurde.

Witzigmann war Ende dreißig und wollte nach langen Lehr- und Wanderjahren und der anstrengenden Zeit als Chef einer großen Brigade endlich ein vorerst letztes Ziel erreichen: die Selbstständigkeit. Ihm schwebte ein kleines Restaurant vor, in dem er seine leidenschaftliche Arbeit auf wenige Tische konzentrieren konnte. In Hans Stegmann fand er einen Finanzier und Partner. Auch ein geeignetes Lokal war bald gefunden: im ehemaligen Regina-Hotel am Maximiliansplatz im Herzen von München. Aber welchen Namen sollte das Kind bekommen? „Wir haben an ‚Obelisk' gedacht", erinnert sich Eckart Witzigmann, sowie er auf dem benachbarten Karolinenplatz steht. „Aber das erschien uns doch größenwahnsinnig." Schließlich sprachen drei Gründe für die *Aubergine*: Zum einen war der Name eine Hommage an die *Auberge*, die Herberge der Haeberlins im Elsass; in der Verkleinerungsform verneigte sich Witzigmann respektvoll vor seinen Lehrmeistern. Zum anderen gehörte die ursprünglich exotische Frucht zum

Gemüse, das Witzigmann von der lieblos gereichten Beilage zum geachteten Bestandteil des Menüs erhoben hatte. Außerdem galt Aubergine als Modefarbe und in Verbindung mit Silber als absolut top.

Das *Tantris* verließ Eckart Witzigmann in aller Freundschaft. Patron Fritz Eichbauer hatte ihm eine grandiose Bühne gebaut, auf der Witzigmann viele Triumphe feiern konnte, und von der er mit aller Fairness abtreten wollte. Er baute den ehrgeizigen Südtiroler Heinz Winkler als Nachfolger auf und verhalf ihm für den letzten Schliff zu einer Station bei Paul Bocuse. Aus der *Tantris*-Brigade nahm Witzigmann lediglich seinen Sous-Chef Bernhard Thierry mit.

Im Herbst 1978 setzten die ersten Gäste ihre Füße auf den auberginefarbenen Teppich in Eckart Witzigmanns eigenem Restaurant und waren beeindruckt von der unaufdringlichen Eleganz, die hier bis ins Detail spürbar war. Die Gäste waren begeistert. Und kamen in Scharen. Und sie kamen immer wieder.

Der Koch des Jahres, von dem alle glaubten, besser könne man überhaupt nicht mehr kochen: Er konnte es! Er steigerte sich in schwindelerregende Höhen. Zusammen mit seinem höchst motivierten 7-köpfigen Team von Köchen schuf er kulinarisch neue Welten. Die Gourmets waren begeistert (nahmen bereitwillig längere Reservierungszeiten in Kauf) und feierten „ihren" Eckart in allen Medien – national wie international. Bereits kurz nach Eröffnung der *Aubergine* wurde Eckart Witzigmann mit dem zweiten Stern des 'Guide Michelin' ausgezeichnet. Er hatte nun 14 Köche.

In sämtlichen Gourmetführern (Aral, Gault Millau, Schlemmeratlas, Varta und wie sie alle hießen) erreichte Eckart Witzigmann mit seiner *Aubergine* die höchsten Spitzenbewertungen und konnte sie in all den Jahren unantastbar verteidigen.

Der Traum von einem kleinen (ruhiger zu führenden) Lokal wurde schnell von der Wirklichkeit überrollt. Die *Aubergine* war so gut besucht, dass Witzigmann die logistische Konzeption nachbessern musste. Der Weinkeller wurde vergrö-

*Eckart Witzigmanns Profil im Stil von Arcimboldi schuf Fr. Albus, Künstlerin und Freundin der Familie. Es schmückte die Speisenkarte der Aubergine.
Unten Monika Witzigmann und Gesumino Pireddu mit den übrigen guten Geistern der 'schwarzen Brigade'*

Seine Vita liest sich ähnlich wie die Witzigmanns: Im Ausland arbeitender Österreicher, berühmter Koch mit rasantem Erfolg, Qualitätsfanatiker und Ausbund an Kreativität: Wolfgang Puck, Starkoch in Los Angeles. Beide schätzen sich sehr und „sehen sich viel zu selten!"

Ein gutes Team in der Küche definierte Eckart Witzigmann mal so: „Eigenschaften wie Disziplin, Fleiß, Neugierde, Selbstkritik und natürlich eine gute Ausbildung sind Voraussetzung. Gemeinsamer Sport unterstützt den Teamgeist. Nie fehlen darf Achtung vor dem Gast wie vor dem Produkt."

ßert, und man servierte in der exquisiten Bar im ersten Stock neben Drinks nun auch große Menüs.

Nach ein paar Jahren beschlossen Eckart Witzigmann und Hans Stegmann ihre geschäftliche Verbindung (und nur diese!) zu beenden. Jetzt stand Witzigmann auch finanziell auf eigenen Füßen. Doch der Blick aufs Konto nahm seiner Leidenschaft fürs Kochen nicht die Glut. Wo mancher Kollege vor lauter Rechnen die Saucen vernachlässigt, folgte er unbeirrt seinem Motto „Maßarbeit am Gast – er muss sich auf uns verlassen können". In einem Interview für den 'Playboy' erläuterte er, wie ernst ihm diese Devise war: „Jeder Gast hat Anspruch auf unsere ungeteilte Aufmerksamkeit und auf das Beste, was wir zu bieten haben. Wir Köche sind verpflichtet, auf jeden Einzelnen einzugehen, seine Vorlieben und Aversionen zu berücksichtigen. Wir müssen uns sogar Gedanken über das Wetter machen. An heißen Tagen will man etwas anderes als an verregneten."

In Gesumino Pireddu – seinem Restaurantchef vom ersten Tag an – hatte er einen Seelenverwandten, einen Partner, der gleich hohe Ansprüche an sich und sein Service-Team stellte wie der Chef selbst.

Im Jahr nach Eröffnung der *Aubergine*, am 19. November 1979, aßen drei Franzosen an Tisch 12 das große Menü. Nach dem achten Gang wollten sie oben an der Bar mit Eckart Witzigmann sprechen. Sie eröffneten ihm, dass er im neuen 'Michelin' mit drei Sternen ausgezeichnet werden würde (was dann 15 Jahre lang erneuert wurde). Chef der Bar war Franz Brandl. Aufmerksam wie immer, hatte er jeden Gast im Blick, stets darauf bedacht, jedem jeden Wunsch zu erfüllen. Plötzlich kam ein Gesprächsfetzen bei ihm an: „trois étoiles". Er reagierte sofort, im Nu wussten Köche und Kellner von der Auszeichnung. Als erstes Restaurant in Deutschland bekam die *Aubergine* drei Sterne! Als in dieser Nacht der letzte Gast gegangen war, zog Witzigmann mit seiner Mannschaft ein Haus weiter. In *Gratzers Lobby*, der Bar des ehemaligen *Tantris*-Oberkellners, floss in dieser Nacht Champagner, bis ganz viele Sterne funkelten.

„Das war einer der schönsten Tage meines Lebens", sagt Witzigmann. Jetzt stand er ganz oben auf dem Gipfel. „Aber am nächsten Tag war's schlagartig vorbei mit der Freud'." Die Sensation hatte sich noch in der Nacht in München herumgesprochen. Die *Aubergine* war am nächsten Mittag ausgebucht, und die geschwächte Mannschaft geriet arg ins Schwimmen. Ernüchtert erkannte Witzigmann, dass nun Wunderdinge von ihm erwartet würden. Darüber erschrak er. „Ich kann den dritten Stern gar nicht recht auskosten", verriet er der 'Süddeutschen Zeitung'. „Wahrscheinlich soll ich jetzt weiße Kaninchen zaubern und dabei einen Salto mortale vor- und rückwärts machen."

Wegen seiner kulinarischen Leistungen und seines Engagements für die französische Kochkunst in Deutschland wurde Eckart Witzigmann am 16. 07. 1991 vom französischen Kulturminister Jack Lang mit dem Orden „Chevalier des Arts et Lettres" ausgezeichnet. Am 12. 09. 1991 erhielt er die Medaille „München leuchtet – Den Freunden Münchens" in Silber, am 21. 09. 1991 den „Prix Culinaire des Régions Européens" und im Jahr 1993 den „Prix à l'Art de la Cuisine" der Academie Internationale de la Gastronomie.

Höhepunkt dieser einzigartigen Karriere ist die Auszeichnung zum „Koch des Jahrhunderts" durch Gault Millau, ein Ehrentitel, den weltweit außer ihm nur drei Menschen führen dürfen: Die Franzosen Paul Bocuse und Joël Robuchon und der Schweizer Frédy Girardet.

Im Oktober 1999 wurde Eckart Witzigmann in die „International Hall of Fame des Grandes Chefes" aufgenommen und mit einem Bronzeabguss seiner Hände, die eine Kristallkugel umfassen, ausgezeichnet.

An Silvester 1994 kochte Eckart Witzigmann zum letzten Mal in seiner *Aubergine*. Eine große Ära war zu Ende, eine Zeit voller Ruhm und Ehre, voller Kraft und Schweiß, voller Kreativität und Virtuosität. Der Österreicher Eckart Witzigmann hatte es geschafft, München zu einem Mekka der Gourmets zu machen. Geschafft! Nun war er frei und offen für Neues, und er packte es an…

Graf Bernadotte kam ebenso gern in die Aubergine, wie die zahlreichen Teilnehmer der begehrten Kochkurse, die Eckart Witzigmann mit tatkräftiger Hilfe seines kreativen Schülers Karl Ederer (Mitte) abhielt. Unterstützt natürlich durch Joe Gasser und die gesamte Küchenbrigade

Auberginen-Tapas

(Von oben rechts im Uhrzeigersinn)

Diese eleganten, kleinen Köstlichkeiten sind wunderbar als Amuse gueule zum Glas Champagner oder trockenem Sherry, können aber auch bestens als Imbiss zu einem frischen Weißwein gereicht werden.

Marinierte Auberginen mit Gambas

Kleine Auberginen mit der Aufschnittmaschine längs in hauchdünne Scheiben schneiden und in einer Mischung aus Limettensaft, Salz, rosa Pfeffer und etwas Öl marinieren. Gambas (Riesengarnelen) bis zur Schwanzspitze auslösen, längs einschneiden und vom Darmfaden befreien. In Öl braten und mit den Auberginen anrichten.

Auberginen-Ziegenkäse-Roulade im Tempurateig

Auberginen der Länge nach in Scheiben schneiden, sanft anbraten und mit Schmortomaten belegen. Sainte-Maure (französischer Ziegenkäse mit zart-würzigem Geschmack) mit einer Gabel zerdrücken und mit gehackten Kräutern mischen. Auf die Tomaten verteilen und alles zur Roulade aufrollen. Durch Tempurateig ziehen und im Fett knusprig ausbacken.

Auberginen-Tatar

Auberginen mit etwas Thymian, Meersalz und Knoblauch in Alufolie wickeln, im Ofen bei 180-200 Grad in 40-50 Minuten garen, abkühlen lassen und halbieren. Das Fruchtfleisch herausheben, hacken und mit Zitronensaft, Salz, Pfeffer, Traubenkernöl und gehackter Petersilie würzen. Etwas ziehen, dann abtropfen lassen, ausdrücken und zu Nocken formen. Etwas saure Sahne darauf verteilen und alles mit Beluga-Kaviar krönen.

Hummer im Auberginen-Blatt

Große Auberginen der Länge nach in dünne Scheiben schneiden und jeweils eine ausgelöste Hummerschere darin einwickeln. Durch Tempurateig ziehen und schwimmend knusprig ausbacken. Auf Küchenpapier abfetten lassen und sofort servieren.

Thai-Auberginen mit Curry-Linsen

Berglinsen mit mittelscharfem und scharfem Madras-Curry, etwas Tomatenmark und Kokosmilch ansetzen und weich dünsten. Winzige Würfel von grüner Thai-Mango und Granny Smith zufügen und die Linsen pikant bis scharf abschmecken. Von kleinen, weißen Thai-Auberginen jeweils einen Deckel abschneiden und die Früchte vorsichtig aushöhlen. Mit den Curry-Linsen füllen und die Deckel aufsetzen. Mit Schalottenwürfeln in Olivenöl andünsten, mit etwas Geflügelfond aufgießen und zugedeckt im 160 Grad heißen Ofen in 40-50 Minuten weich schmoren lassen.

Auberginen-Kaninchen-Ravioli

Dünne Auberginenscheiben sanft anbraten. Kaninchenmedaillons hauchdünn plattieren. Geputzte rote Paprikaschoten schmoren, häuten und ebenfalls in dünne Scheiben schneiden. Alles auf dieselbe Größe zurecht schneiden, in mehreren Lagen übereinander schichten und dabei leicht salzen und pfeffern. Jeweils zwischen zwei Wan-Tan-Blätter setzen, die Teigränder anfeuchten, gut andrücken und dekorativ ausstechen. In kochendes Salzwasser einlegen, gar ziehen, dann abtropfen lassen und mit Pesto beträufelt servieren.

Auberginen-Roulade

Aubergine und Zucchini mit der Aufschnittmaschine längs in dünne Scheiben schneiden und in wenig Öl anbraten. Rote und gelbe Paprika unter dem Grill garen, häuten und in Streifen schneiden. Je eine Auberginenscheibe mit Zucchinischeiben und Paprikastreifen belegen, würzen und aufrollen. Leicht mehlieren und langsam ausbraten. Mit in Butter gerösteten und mit gehackten Kräutern gemischten Semmelbröseln bestreuen.

Steinpilzsalat mit Gänseleber

Zutaten für 4 Personen

Für die Croûtons:

8 hauchdünne Scheiben Baguette
1 Schalotte, fein gewürfelt und blanchiert
150 g Steinpilze, fein gewürfelt
1 Knoblauchzehe, angedrückt
1-2 EL Öl zum Braten
50 g Gänsestopfleber
Salz, weißer Pfeffer aus der Mühle
1 EL gehackte Petersilie

Für die Salatsauce:

3 cl Champagner-Essig
etwas Limettensaft
Salz, weißer Pfeffer aus der Mühle
1 Prise Zucker
1 TL Trüffelsud (Dose)
1 cl roter Portwein
5 cl Nussöl
2 cl geschmacksneutrales Öl

Für den Salat:

1-2 Hand voll kleine Brunnenkresseblätter
1 Hand voll kleine Friséeblätter
8 Steinpilze mittlerer Größe
Limettensaft
Salz, weißer Pfeffer aus der Mühle
Olivenöl zum Marinieren
Ei, Mehl, Semmelbrösel, Petersilie und Kerbel zum Panieren
Öl zum Braten
12 Scheiben rohe Gänsestopfleber, hauchdünn geschnitten
Meersalz

Die dünnen Baguettescheiben goldgelb toasten.

Schalotten- und Steinpilzwürfel mit der Knoblauchzehe in Öl anbraten. Knoblauch entfernen. Die Gänseleber kurz mitsautieren, mit Salz und Pfeffer würzen und erkalten lassen. Die Petersilie zufügen, alles fein hacken und nochmals abschmecken.

Für die Salatsauce alle Zutaten sorgfältig verrühren und abschmecken.

Brunnenkresse- und Friséeblätter waschen und trockentupfen.

Die geputzten Steinpilze der Länge nach in Scheiben schneiden. Pro Person je 1 Scheibe in Mehl, Ei und Bröseln panierte, je 1 Scheibe in Kräuter und Ei ausgebackene Steinpilze mit je 2 Scheiben naturell gebratenen sowie 2 Scheiben marinierten Steinpilzen auf 4 Tellern anrichten.

Brunnenkresse und Frisée in der Salatsauce wenden und zu den Pilzen geben. Die Gänseleberscheiben mit etwas Meersalz und Pfeffer würzen und auf dem Salat anrichten. Alles mit der restlichen Salatsauce beträufeln. Die Steinpilzfarce auf die Brot-Croûtons geben, diese seitlich an den Salat legen und alles sofort servieren.

Fleischpflanzerl mit Kartoffel-Gurken-Salat

Zutaten für 5-6 Personen

Für den Kartoffel-Gurken-Salat:

500 g fest kochende Kartoffeln
1 Prise Kümmel
1 Lorbeerblatt, Meersalz
100 g Zwiebeln, fein gewürfelt
1 Knoblauchzehe, fein gewürfelt
75 ml Öl
1/4 l Wasser
1 TL Dijon-Senf
2 EL Cidre-Essig
Salz, weißer Pfeffer aus der Mühle
1/2 junge Salatgurke, geschält
125 g saure Sahne
3 EL Crème fraîche
Cayennepfeffer, Zitronensaft
4 Radieschen in dünnen Scheiben
1-2 EL Schnittlauchröllchen

Für die Fleischpflanzerl:

150 g Kalbfleisch ohne Sehnen
250 g Schweinefleisch ohne Sehnen
50 g Schinkenspeck
50 g gekochter Schinken, in kleine Würfel geschnitten
100 g Weißbrot vom Vortag (oder Semmeln)
1/8 l lauwarme Milch
100 g Zwiebeln, in kurze, sehr dünne Streifen geschnitten
1 Knoblauchzehe, fein gewürfelt
1 guter EL Olivenöl
1 Bund Petersilie, gehackt
2 Eier
1 Messerspitze scharfer Senf
Salz, weißer Pfeffer aus der Mühle
frisch geriebene Muskatnuss
1 gute Prise Majoran
Öl und Butter zum Braten

Die Kartoffeln schälen, waschen und mit Kümmel, Lorbeer und Meersalz in Wasser kochen und abgießen.

Zwiebeln und Knoblauch im Öl andünsten, mit dem Wasser ablöschen und dieses etwas reduzieren lassen. Mit Senf, Essig, Salz und Pfeffer pikant abschmecken. Die noch lauwarmen Kartoffeln in Scheiben schneiden und vorsichtig untermischen.

Die Gurke in 2-3 mm dicke Scheiben und diese zu feinen Nudeln schneiden. In kochendem Salzwasser 30 Sekunden blanchieren, eiskalt abschrecken und abtropfen lassen. Die saure Sahne mit Crème fraîche verrühren und mit Salz, Cayennepfeffer und Zitronensaft pikant abschmecken. Die Gurkennudeln untermischen und etwas ziehen lassen.

Für die Fleischpflanzerl das Kalb- und Schweinefleisch samt Speck durch den Fleischwolf drehen. Brot in dünne Scheiben schneiden, mit der Milch begießen und quellen lassen. Zwiebeln und Knoblauch im Olivenöl andünsten. Die Petersilie ganz kurz mitdünsten und alles etwas abkühlen lassen. Das durchgedrehte Fleisch mit dem weichen Brot, dem Schinken, den gedünsteten Zwiebeln und den Eiern vermengen und pikant würzen. Zu nicht zu großen Küchlein formen und diese (am besten in einer Eisenpfanne) in einer Mischung aus Öl und Butter bei mittlerer Hitze schön braun und knusprig braten.

Den Kartoffelsalat locker mit den Gurkennudeln mischen und auf Teller verteilen. Mit den Radieschenscheiben garnieren, die Fleischpflanzerl darauf anrichten, mit etwas Bratfett begießen und mit Schnittlauch bestreuen.

Makkaroni-Spirale mit Morcheln

Zutaten für 4 Personen

Für die Farce:

50 g Kalbfleisch
Salz, weißer Pfeffer aus der Mühle
30 g Sahne
30 g Gänseleberparfait
20 g geschlagene Sahne
1 TL Pistazien, sehr fein gehackt

Außerdem:

250 g Makkaroni
200 g Spinat
80 g Butter
Salz, weißer Pfeffer aus der Mühle
frisch geriebene Muskatnuss
300 g frische Morcheln
100 ml Madeira
1/8 l Madeirasauce, erhitzt
6 Scheiben Gänsestopfleber, 2 davon in groben Würfeln
Parmesan, frisch gerieben

Für die Morchelsauce:

2 getrocknete Morcheln, eingeweicht
10 g Butter
2 Schalotten, fein gewürfelt
1/8 l Geflügelbrühe
1/8 l Sahne
2 EL Crème fraîche, Salz

Kalbfleisch würfeln, mit Salz und Pfeffer würzen, im Mixer unter langsamer Zugabe der Sahne zur glatten Farce verarbeiten und auf Eis stellen. Gänseleberparfait durch ein Sieb streichen, unter die Farce rühren und die geschlagene Sahne samt Pistazien darunterheben. Die Farce abschmecken.

Die Makkaroni in Salzwasser al dente kochen, herausnehmen und abtropfen lassen. Spinat waschen, abgetropft in etwas Butter anschwitzen und mit Salz, Pfeffer und Muskat würzen.

Die Morcheln putzen, gründlich waschen und gut trockentupfen. Mit der Farce füllen und in der restlichen Butter bei sanfter Hitze braten. Mit Madeira ablöschen und diesen etwas einkochen. Die Madeirasauce zufügen.

Für die Sauce die eingeweichten Morcheln hacken und mit den Schalotten in der Butter andünsten. Mit Geflügelbrühe ablöschen und diese kräftig einkochen lassen. Die Sahne zufügen, alles aufmixen, durch ein Sieb passieren und noch einmal aufkochen. Die Crème fraîche darunterrühren und die Sauce mit Salz abschmecken.

Die Gänseleber mit Salz und Pfeffer würzen und auf dem Grill braten.

Die Makkaroni spiralförmig auf 4 vorgewärmte Teller legen und mit Parmesan bestreuen. Diesen unter dem Salamander (oder bei Oberhitze im heißen Ofen) heiß werden lassen. Den Spinat in die Tellermitte geben, die Gänseleber darauf anrichten und mit der heißen Madeirasauce beträufeln. Die Morcheln ringsherum verteilen und mit der Morchelsauce umgießen.

Meeresfrüchte in Chablis-Gelee

Zutaten für 4 Personen

8-12 Herzmuscheln
1/2 Schalotte
1/2 Knoblauchzehe
2 EL Öl
100 ml Chablis
4 geputzte Coquilles Saint-Jacques (Jakobsmuscheln)
Salz, Zitronensaft
1 gekochter Hummer (siehe Seite 100)
8 Austern in der Schale
6 Blatt weiße Gelatine
400 ml Fisch- oder Hummersud
4 EL Kaviar (Osietra oder Sevruga)
1 EL Schnittlauch in feinen Röllchen

Die Herzmuscheln gründlich waschen. Schalotte und Knoblauchzehe schälen, würfeln und in 1 EL Öl glasig braten. Mit dem Weißwein ablöschen, die Muscheln hineingeben und zugedeckt in 5-8 Minuten dämpfen, bis sie sich geöffnet haben. Die Muscheln herausnehmen, das Fleisch aus den Schalen lösen und abkühlen lassen. Den Sud durch ein Sieb gießen.

Die Coquilles mit Salz und Zitronensaft würzen und bei nicht zu starker Hitze im restlichen Öl auf jeder Seite 1 1/2 Minuten braten. Ebenfalls herausnehmen und abkühlen lassen.

Vom Hummer die Scheren ausbrechen und das Fleisch auslösen. Den Körper längs halbieren, das Fleisch aus den Schalen heben und den Magensack sowie den Darm entfernen. Die Scheren halbieren, das Fleisch in Stücke schneiden.

Die Austern aufbrechen und auslösen. Die Flüssigkeit dabei auffangen.

Die Gelatine in kaltem Wasser einweichen. Den gefilterten Muschelsud unter den Fisch- oder Hummersud mischen und etwa die Hälfte davon erhitzen. Die Gelatine ausdrücken und darin auflösen. Den übrigen Sud und die aufgefangene Austernflüssigkeit daruntermischen und alles abkühlen lassen, bis die Masse leicht geliert.

Jeweils etwas Gelee in 4 Gläser verteilen, die vorbereiteten Meeresfrüchte samt dem restlichen Gelee zufügen und alles nochmals für ein paar Minuten in den Kühlschrank stellen. Vor dem Servieren mit dem Kaviar krönen und mit dem Schnittlauch bestreuen.

Eckart Witzigmann –
Perfekter Service für große Küche

Gesumino Pireddu

begann seine Laufbahn als Kellner einer Trattoria in seiner Heimat Sardinien, absolvierte die Hotelfachschule in Cágliari und ging dann in die Schweiz, wo er in den First-Class-Häusern fast aller Kantone arbeitete. Erste Station war das Hotel Beatus in Merligen; hier lernte er u.a. Gerald Gratzer kennen, der ihn 1975 ins Tantris holte. Von dort aus wechselte er 1977 ins legendäre Walterspiel, Hotel Vier Jahreszeiten München, bis er 1978 mit Eckart Witzigmann dessen Aubergine eröffnete. Nach Witzigmanns Weggang gründete er mit Kurt (Joe) Gasser in München das Restaurant Massimiliano

*E*ckart Witzigmann kannte und schätzte ich bereits seit unserer gemeinsamen Arbeit im *Tantris*. Als er 1978 sein eigenes Restaurant, die *Aubergine*, eröffnen wollte und mir anbot, sein Maître zu werden, musste ich darum nicht lange überlegen.

Zahlreiche Stationen in mehreren europäischen Ländern hatte ich hinter mir. Da war es streng zugegangen, und diese Strenge hat mich geprägt. Von jedem Betrieb habe ich das Beste übernommen und versucht, meine Vorstellungen in der *Aubergine* umzusetzen. Witzigmanns Devise lautete: „Maßarbeit am Gast". Das haben wir am Tisch umgesetzt. Wir haben versucht, zwei Dinge zu vereinen, die damals in den meisten Häusern als unvereinbar galten: Wir wollten den perfekten Service auf allerhöchstem Niveau, aber er sollte unbedingt sehr persönlich sein, bloß nicht steril oder etwa arrogant wirken. Unser Credo hieß: „Selbst wenn ein Gast schlecht gelaunt das Restaurant betritt, muss er es mit einem Lächeln wieder verlassen!"

Jeder Kellner hat den persönlichen Kontakt zum Gast gesucht, ohne die Etikette auch nur annähernd zu verletzen. Der Service durfte nie aufdringlich wirken. Jeder in der Brigade wusste, dass der Gast beim Essen in Ruhe gelassen werden will. Neben dem Tisch stehen und warten, bis abserviert werden konnte, war absolut tabu. Die Kellner mussten im Raum in Bewegung sein und sehen, wenn der Gast etwas brauchte. Aber dann musste er auch wirklich sofort bei ihm sein.

Zugegebenermaßen klingt das sehr streng, aber anders lässt sich ein Service in dieser Art nicht durchführen. Glücklicherweise hatten wir gleich zu Beginn eine sensationelle Brigade von zehn Mann – wirklich nur Männer – da waren wir recht konservativ. Die einzige Ausnahme war Monika Witzigmann. Sie war natürlich vom ersten Tag an dabei. Ob beim Mittag- oder Abendservice, am Telefon, im Gespräch mit Gästen, sie war einfach überall, wo sie gerade gebraucht wurde. Und das mit vollem Engagement und dem ihr eigenen Charme. Sie hat sich wirklich um alles Mögliche gekümmert und ihrem Mann wie auch mir oft den Rücken frei gehalten.

Das gab mir die Möglichkeit, mich auch um Details im Service kümmern zu können. Eines haben wir zum Beispiel grundlegend verändert: das Tranchieren am Tisch. Das war ohnehin eine Leidenschaft von mir, dauerte mir aber immer viel zu lange. Oft war das Gericht, das ja heiß aus der Küche kam, nur noch lauwarm, bis der Gast es erhielt. Deshalb habe ich an einer neuen Technik gearbeitet und so lange geübt, bis alles schnell genug ging. Das führte zum perfekten Zusammenspiel von Küche und Service.

Ja, ich muss schon sagen, wir hatten – wie der Chef in der Küche – auch im Service ein Spitzenteam. Und ich möchte mich heute nochmals bei allen bedanken. Angefangen mit Franz Brandl, dem Barchef, weiter mit Helmut Valentin, Kurt Bucholz, Elmar Stumpf, Gasparotto, Langer, Wenzel, Notais, Sylvia Steiner, Krämer, Loibl, und Adelgasser. Ihnen und allen, die hier nicht genannt werden konnten: „Danke, ihr wart richtig gut!"

Mit der ihm eigenen Perfektion kontrolliert Gesumino Pireddu das Besteck auf der festlichen Tafel – der großen Küche der Aubergine entsprechend. Pireddu und Witzigmann verbindet heute eine auf gegenseitigem Respekt basierende Freundschaft, in die Joe Gasser fest eingebunden ist

Leipziger Allerlei mit Geflügelklößchen

Zutaten für 4 Personen

Für die Gelügelfarce:

200 g Geflügelfleisch (entbeint, gehäutet und gekühlt)
Salz, weißer Pfeffer aus der Mühle
55 g Weißbrot
3 EL Milch
1 Ei
300 g eiskalte Sahne

Für die Krebse:

8 frische Flusskrebse
etwas Butter
Salz, weißer Pfeffer aus der Mühle

Für das Gemüse:

30 g frische Morcheln
12 Spargelspitzen
8 Romanesco-Röschen
4 EL gepalte Erbsen
30 g Zuckerschoten (Mange-tout)
60 g Butter
Zucker, Salz
12 kleine, sehr junge Karotten
Kerbelblättchen

Für die Sauce:

200 ml Geflügelbrühe
100 g gekühlte Butter
1 EL geschlagene Sahne
Salz, weißer Pfeffer aus der Mühle
1 EL Zitronensaft

Für die Farce das Fleisch zerschneiden, mit Salz und Pfeffer würzen und kalt stellen. Das Weißbrot entrinden, fein würfeln und in der Milch einweichen.

Für die Krebse reichlich Wasser kräftig kochen lassen, die Krebse hineingeben und sofort mit einem Schaumlöffel unter die Wasseroberfläche drücken. Kräftig aufkochen und neben dem Herd 3 Minuten ziehen lassen.

Für das Gemüse die Morcheln gründlich waschen und abtropfen lassen. Spargelspitzen, Romanesco-Röschen, Erbsen und Zuckerschoten nacheinander in mit 1 Stich Butter, Zucker und Salz gewürztem Wasser blanchieren, abschrecken und abtropfen lassen. Die Karotten, falls nötig, schaben.

Das Geflügelfleisch im Mixer zur glatten Farce zerkleinern, das Ei zufügen und noch einmal kurz durchschlagen. Nach und nach die flüssige Sahne zugießen – dabei in 5 Gängen arbeiten: jeweils nur etwa 6 cl zugießen und wieder 6-8 Sekunden durchmixen. Zum Schluss das leicht ausgedrückte Brot hineingeben und nochmals kurz mixen. Die Masse durch ein feines Sieb passieren und mit einem kleinen Teil davon die Morcheln füllen. Die übrige Masse mit zwei Löffeln zu Nocken formen und in heißes Salzwasser legen; sie sollen bei 65-80 Grad nur ziehen, dürfen jedoch nicht kochen. Nach 6-8 Minuten sind sie gar.

Für die Sauce die Geflügelbrühe auf ein Drittel reduzieren, mit der kalten Butter aufmixen und, falls nötig, mit etwas Wasser verdünnen. Die Schlagsahne unterschwenken und die Sauce mit Salz, Pfeffer und Zitronensaft abschmecken.

Die Morcheln in etwas Butter bei sanfter Hitze braten. Wenn nötig, einen Schuss Wasser oder Hühnerbrühe zufügen und einkochen lassen. Etwas Butter erhitzen, die Karotten darin mit etwas Zucker und Salz glacieren, nach und nach mit etwas Wasser begießen und dieses wieder verkochen lassen. Zum Schluss das übrige Gemüse zufügen und ebenfalls leicht glacieren. Die restliche Butter einschwenken und das Gemüse abschmecken.

Die Krebsschwänze ausbrechen, die Darmfäden entfernen und die Krebse in nicht zu heißer Butter kurz schwenken. Mit Salz und Pfeffer würzen.

Das Gemüse mit den Morcheln auf vorgewärmten Tellern anrichten. Die Geflügelklößchen abtropfen lassen, samt den Krebsen daraufsetzen, mit der Sauce überziehen und mit Kerbelblättchen garnieren.

93

Taubenbrust auf Artischockensalat

Zutaten für 4 Personen

Für den Salat:

2 schöne Artischocken
Zitronensaft, Salz
50 g Knollensellerie, fein gewürfelt
2 EL Pinienkerne
80-100 g gemischte Salatblättchen

Für die Salatsauce:

1 1/2 TL Sherry-Essig
1 TL Aceto Balsamico
3 EL Olivenöl
3 EL Walnussöl
Salz, weißer Pfeffer aus der Mühle
Trüffeljus (wenn vorhanden)
1 EL Trüffel, fein gehackt

Für die Tauben:

2 Tauben (möglichst aus der Bresse)
Salz, weißer Pfeffer aus der Mühle
40 g Gänsestopfleber
4 Scheiben Baguette, hauchdünn geschnitten
Öl zum Frittieren
1 Schalotte, fein gewürfelt
1 Prise Majoran
1 Spritzer guter Essig
200 g Gänseleber
Mehl zum Wenden

Die Artischocken waschen, jeweils den unteren Teil schälen und sofort mit Zitronensaft abreiben. Die oberen zwei Drittel kappen und das Heu (die strohigen Herzen) mit einem Löffel herausschaben. Die Artischockenböden wieder mit Zitronensaft abreiben und in gesalzenem Zitronenwasser gar, aber nicht zu weich kochen.

Inzwischen die Selleriewürfel in mit Salz und Zitronensaft gewürztem Wasser blanchieren, abschrecken und abtropfen lassen. Die Pinienkerne in einer trockenen Pfanne goldgelb rösten. Für die Salatsauce alle Zutaten gründlich verrühren.

Die Artischocken aus dem Sud nehmen, in dünne Scheiben schneiden und noch warm in etwas Salatsauce marinieren. Die Salatblätter waschen und abtropfen lassen.

Tauben ausnehmen, halbieren, waschen und abtrocknen. Die Keulen abtrennen und anderweitig verwenden. Die am Gerippe verbleibenden Brüste salzen und pfeffern und im 200 Grad heißen Ofen in 15 Minuten rosa braten.

Taubenlebern und -herzen putzen und wie die Gänsestopfleber fein würfeln. Die Baguettescheiben im Öl knusprig goldgelb frittieren und auf Küchenpapier abfetten lassen.

Die Taubenbrüste herausnehmen und gut 5 Minuten ruhen lassen. Die Gänseleber inzwischen in mundgerechte Stücke schneiden, in einer Teflonpfanne ohne Fettzugabe bei guter Hitze rasch rundum knusprig braun braten, salzen, pfeffern und herausnehmen. Die Leber-, Herz- und Gänsestopfleberwürfelchen mit Schalottenwürfeln, Majoran, Salz und Pfeffer in der Pfanne kurz rosa schwingen, mit etwas Essig ablöschen und zum Abtropfen auf ein Sieb schütten.

Die Artischockenscheiben rosettenartig auf 4 Teller legen. Die Taubenbrüste jeweils entlang des Brustknochens in feine Scheiben aufschneiden und diese auf die Artischocken legen. Salzen, pfeffern und mit Selleriewürfeln und den Pinienkernen bestreuen. Die Salatblätter in der Sauce wenden, anlegen und alles mit der übrigen Sauce beträufeln. Das warme Ragout aus den Innereien auf die Brot-Croûtons geben und diese seitlich anlegen.

Linsensuppe mit Wachteln

Zutaten für 4 Personen

Für die Wachteln:

4 küchenfertige Wachteln
20 g Butter
1 Schuss Aceto Balsamico
1 EL gehackte Petersilie

Für die Suppe:

30 g Zwiebeln, fein gewürfelt
50 g Wammerl (geräucherter, durchwachsener Bauchspeck), fein gewürfelt
50 g Butter
2-3 EL Aceto Balsamico
100 g Linsen
Salz, weißer Pfeffer aus der Mühle
Cayennepfeffer
1 Kräutersträußchen (aus 1 Stängel Thymian und 4 Stängeln Petersilie)
1 Msp. Senf

Für die Wachtelsauce:

10 g Karotten, fein gewürfelt
30 g Zwiebeln, fein gewürfelt
20 g Staudensellerie, fein gewürfelt
1 EL Öl
1 Nelke
4 Wacholderbeeren
1 Zweig Thymian
1 kleiner Zweig Rosmarin
1 Lorbeerblatt
4 cl Rotwein
4 cl Madeira
2 EL Champignon-Abschnitte (Stiele und Schalen)

Für die Garnitur:

100 g ausgelöste dicke Bohnen
Salz
8 hauchdünne Scheiben Räucherspeck
20 g Butter
30 g Karotten, fein gewürfelt
30 g Petersilienwurzel, fein gewürfelt

Die Wachteln halbieren, die Brüste ablösen, die Keulen abschneiden. Die Knochen hacken.

Für die Suppe Zwiebel und Wammerl in 20 g Butter sanft anschwitzen, ohne Farbe nehmen zu lassen. Mit einem Schuss Aceto Balsamico ablöschen, die Linsen hinzufügen, würzen und 1 l Wasser angießen. Das Kräutersträußchen einlegen und die Linsen weich kochen.

Inzwischen für die Wachtelsauce die Wachtelknochen mit Karotten, Zwiebeln und Sellerie im Öl anrösten, bis sie schön braun geworden sind. Die Gewürze und Kräuter zugeben und leicht anrösten. Mit Rotwein und Madeira ablöschen und fast die gesamte Flüssigkeit verdampfen lassen. Mit Wasser bedecken, die Champignonabschnitte zufügen und alles im auf 220 Grad vorgeheizten Ofen zu einer kurzen Sauce einkochen. Durch ein feines Sieb abgießen.

Etwa 1/4 der Linsen für die Garnitur abnehmen. Die restlichen Linsen im Mixer pürieren und durch ein Haarsieb streichen.

Die restliche Butter in einem Töpfchen nussbraun werden lassen und mit Senf und Aceto Balsamico unter die pürierten Linsen mischen.

Für die Garnitur die dicken Bohnen in Salzwasser blanchieren, abschrecken und die Kerne aus den weißen Häuten lösen. Die Speckscheiben in einer Pfanne knusprig braten und herausnehmen. Die Butter ins Speckfett geben und die Karotten und Petersilienwurzeln sowie die dicken Bohnen darin anschwitzen. Die Linsen zufügen.

Die Wachtelbrüste und -keulen in Butter rosa braten und kurz warm stellen. Den Bratensatz mit etwas Aceto Balsamico und der Wachtelsauce ablöschen und in die Linsensuppe geben. Diese in vorgewärmte Suppenteller geben, die Garnitur darauf verteilen und die Wachtelbrüste und -keulen darauflegen.

Marinierte Jakobsmuscheln mit Thunfisch-Tatar

Zutaten für 4 Personen

Für den marinierten Thunfisch:

1 EL Champagneressig
1 EL Limettensaft
2 EL Geflügelsud
1 TL Honig
Salz, weißer Pfeffer aus der Mühle
1 Prise Zucker
1 Msp. gehackte Ingwerwurzel
1 Msp. gehackte rote Chilischote
1/2 Stange Zitronengras, in sehr feine Streifen geschnitten
1 Kafirlimettenblatt, sehr fein zerschnitten
1/2 TL Szechuanpfeffer, zerstoßen
1/2 TL weißer Pfeffer, zerstoßen
1/2 EL Sesamöl
1 1/2 EL Keimöl
ein paar Korianderblättchen
200 g sehr frischer Thunfisch bester Qualität, in 20 Würfel geteilt

Für das Thunfischtatar:

200 g sehr frischer Thunfisch bester Qualität
Saft von 1 Limette
Salz, weißer Pfeffer aus der Mühle
4-5 EL Olivenöl
ein paar Korianderblättchen, fein gehackt

Für die asiatische Sauce:

1 1/2 EL Senfpulver
1 Knoblauchzehe, fein gewürfelt
3 Scheiben frische Ingwerwurzel, fein gehackt
2 Eigelb
100 ml Reisessig
2-3 EL Sojasauce
200 ml Sonnenblumenöl
2-3 EL Sesamöl
Salz, weißer Pfeffer aus der Mühle
Honig

Für die Jakobsmuscheln:

8 ausgelöste, sehr frische Coquilles Saint-Jacques (Jakobsmuscheln)
Salz, weißer Pfeffer aus der Mühle
Zitronensaft

Champagneressig mit Limettensaft, Geflügelsud, Honig, Salz, Pfeffer und Zucker gut verrühren. Ingwer, Chili, Zitronengras, Kafirlimettenblatt sowie beide Pfeffersorten zufügen und beide Ölsorten darunterrühren. Ein paar Korianderblättchen hineingeben und die Thunfischwürfel darin unter gelegentlichem Wenden ziehen lassen.

Für das Thunfischtatar den Thunfisch in feine Würfel schneiden. Limettensaft mit Salz, Pfeffer und Öl verrühren, den Koriander zufügen und den Thunfisch damit marinieren.

Für die asiatische Sauce Senfpulver mit Knoblauch, Ingwer und Eigelb im Mixer durchschlagen. Dabei Essig und Sojasauce zugießen und nach und nach beide Öle langsam hineinfließen lassen. Mit Salz, Pfeffer und nicht zu wenig Honig würzen und alles durchschlagen, bis die Sauce eine mayonnaiseartige Konsistenz hat. So viel Wasser dazugeben, dass eine glatte Sauce entsteht.

Die Jakobsmuscheln in sehr dünne Scheiben schneiden und diese nebeneinander liegend auf einer Platte mit Salz, Pfeffer und etwas Zitronensaft vorwürzen.

Das Thunfischtatar zu Nocken formen und mit den Thunfischwürfeln und den Coquilles-Scheiben anrichten. Alles mit der übrigen Thunfischmarinade beträufeln, die asiatische Sauce in Streifen darüber verteilen und nach Wunsch mit Kräutern garnieren.

Köstlich dazu sind hauchdünne Kartoffelchips oder die dekorativen und filigranen Kartoffelnester, für die man Kartoffeln mit dem asiatischen Rundschäler in lange, sehr dünne Fäden schneidet, diese ganz leicht zusammendrückt, goldgelb frittiert und danach schwach salzt.

Hummer mit Artischocken und Bohnenkernen

Zutaten für 4 Personen

2 bretonische Hummer von je etwa 600 g
6 EL Olivenöl
80 g Karotten, Lauch, Zwiebel, Staudensellerie, fein gewürfelt
1 Knoblauchzehe, halbiert und vom Keim befreit
6 Tomaten
1 Zweig Thymian
1 Lorbeerblatt
8 weiße Pfefferkörner
1/8 l trockener Weißwein
1/4 l Fischfond
100 g ausgelöste dicke Bohnen, Salz
4 junge weiße Zwiebeln oder dickere Lauchzwiebeln
2 große Artischocken (oder 4 kleine)
Zitronensaft
2 1/2 EL Butter
weißer Pfeffer aus der Mühle
60 g eiskalte gesalzene Butter (demi-sel) zum Aufmixen
Estragon zum Garnieren

Die Hummer unter fließendem Wasser sauber bürsten und mit dem Kopf voran in sprudelnd kochendes Wasser geben. 3 Minuten kochen lassen, herausnehmen und abkühlen lassen. Scheren und Schwänze vom Körper abtrennen und beiseite legen. Den Corail ablösen, auf Backpapier legen und im auf maximal 80 Grad vorgewärmten Ofen trocknen lassen. Die Hummerkörper der Länge nach halbieren und ohne den Magensack zerkleinern.

Die zerkleinerten Hummerkörper und die Beine in 2 EL heißem Öl anbraten. Gemüse und Knoblauch zufügen und etwa 15 Minuten langsam weiterrösten. 2 Tomaten würfeln und samt Kräutern und Pfefferkörnern untermischen. Mit Wein ablöschen und diesen bei starker Hitze einkochen. Den Fischsud angießen, kurz aufkochen und dann 30 Minuten bei sanfter Hitze ziehen lassen. Danach durch ein Sieb passieren und auf ein Drittel einkochen lassen.

Die dicken Bohnen in kochendem Salzwasser blanchieren, abschrecken und aus den Häuten lösen. Die übrigen Tomaten häuten, entkernen und ohne die Stängelansätze vierteln. Die Zwiebeln schälen und vierteln. Die Artischocken putzen, das Heu mit einem kleinen Löffel aus den Böden lösen, diese längs halbieren oder vierteln und das Fruchtfleisch rundherum kräftig mit Zitronensaft einreiben, damit es nicht braun wird.

Die Artischocken mit den Zwiebeln in 2 EL Olivenöl anbraten, 1/2 EL Butter, etwas Salz und Pfeffer zugeben und das Gemüse bei sanfter Hitze garen. Die Artischocken sollten noch etwas Biss haben. Zum Schluss die Tomatenviertel und die Bohnen darin erhitzen und alles abschmecken.

Die Hummerscheren etwa 7 Minuten in nicht mehr kochendem Salzwasser ziehen lassen. Die Hummerschwänze in den Schalen längs halbieren. Das restliche Öl mit der übrigen Butter erhitzen, die Schwänze mit der Schalenseite nach unten hineinlegen und etwa 5 Minuten braten. Dabei das Hummerfleisch ständig mit dem Bratfett begießen.

Den Hummersud mit der eiskalten Butter aufmixen und abschmecken.

Die Hummerschwänze und -scheren auf vorgewärmten Tellern anrichten, mit dem Gemüse umlegen und dieses mit der Sauce begießen. Alles mit dem gehäuteten und zerbröselten Corail bestreuen und mit Estragon (evtl. kurz frittiert) garnieren.

> À mon ami Eckart WITZIGMANN
> que je considère comme le meilleur
> chef de cuisine d'Allemagne,
> L'Aubergine en est déjà la
> première table
> Tous mes compliments et mes vœux
> de Succès
>
> Paul Bocuse
> 17 novembre 1978

Freunde und Kollegen, Politiker und Sportler, Ärzte und Prominente von Presse, Film und Fernsehen – sowohl in Witzigmanns Gästebuch als auch in seiner privaten Fotosammlung finden sich ungezählte Persönlichkeiten, von denen nur einige stellvertretend genannt werden können. Angefangen mit Irmgard Beck aus Vaduz, Alfred Biolek und großen Kollegen, wie Troisgros, Ducasse, Arzak über die Kitzbüheler Freunde Lilly und Hasi Unterberger bis zum „Ski-Freund" Peter Obernauer und Hans

Haunstein, der „leider zu früh gestorben ist". Eckart Witzigmann pflegt Kontakte und Freundschaften zu Menschen, die ihm wichtig sind. Dazu zählen u.a. die große Erni Singerl, Luggi Waldleitner und der Kolumnist Graeter, der Bergsteiger Kammerlander, der Skifahrer Thöni und Alfons Schuhbeck, Blacky Fuchsberger und der unvergessene Walter Sedlmayr. Sportler, wie Nachtweih, Brehme und Eder mit Dr. Müller-Wohlfahrt, der geliebte S.C. Schmiere oder auch Thomas Schreiner vom San Pellegrino Cup

Alles, was Rang und Namen hat, kam zu Paul Bocuse, als er zum 30. Mal den 3. Michelin-Stern bekam und er sich feiern ließ. Feste ganz anderer Art sind Witzigmanns Treffen mit Kollegen, etwa mit seinem guten Freund Henry Levy und der Schweizer Meisterköchin Rosa Tschudi, mit Franz Keller junior oder mit Sepp und Gaby Krätz sowie Jussi Stollberg. Und dann sind da noch eher private Begegnungen, wie die mit Marianne und Hans-Peter Frericks oder Dr. Bernd Meinunger. Nicht zu vergessen

Gernot Köstinger, sein ältester Freund, mit dem er in London und Amerika war. Nicki Lauda gehört in den Kreis wie Fritz Walter, hier mit Hardy Rodenstock, Günther Strack und Hans-Peter Wodarz. Mit Willi Daume betreute EW die Olympiamannschaft, mit Prof. Dr. Keul entwickelte er die Olympia-Diät. Gekrönte und ungekrönte Gäste kamen zu ihm. Für Altbundespräsident Scheel kochte er das Hochzeitsmenü, Michail Gorbatschow verwöhnte er mit Süßem und das schwedische Königspaar war sogar öfters zu Gast

Aal in Rotweinsauce mit Lauchzwiebeln

Zutaten für 4 Personen

Für den Aal:
600-700 g frischer Aal, abgezogen
Salz, weißer Pfeffer aus der Mühle
2 EL Öl

Für die Sauce:
1/2 TL Zucker
1/2 TL Estragonessig
1 EL Butter
2 Schalotten in der Schale
1 kleine Stange Lauch (nur das Weiße), gewürfelt
1 Stange Staudensellerie, gewürfelt
100 g Zwiebeln, gewürfelt
125 ml Portwein
200 ml kräftiger Rotwein
250 ml Kalbsjus
2 Champignons, geviertelt
1 Knoblauchzehe, angedrückt
einige Petersilienstiele
10 weiße Pfefferkörner
60 g kalte Butter, in kleinen Stücken
Salz, weißer Pfeffer aus der Mühle

Für die Garnitur:
12 kleine neue Kartoffeln
Salz
16 kleine Perlzwiebeln
4 Lauchzwiebeln
60 g Butter
1 EL Semmelbrösel

Den Aal in 4-5 cm lange Stücke schneiden und würzen.

Für die Sauce den Zucker goldbraun karamellisieren und mit dem Essig ablöschen. Die Butter zufügen und die Gemüse darin leicht andünsten. Mit Portwein ablöschen und diesen zur Hälfte einkochen. Den Rotwein zufügen und wieder alles um die Hälfte einkochen. Den Kalbsjus mit Champignons, Knoblauch und Petersilienstielen hineingeben. Etwa 30 Minuten leise köcheln lassen. Nach 20 Minuten die Pfefferkörner zufügen.

Für die Garnitur die unter kaltem Wasser gebürsteten Kartoffeln in Salzwasser kochen. Die Perlzwiebeln schälen. Das Grün der Lauchzwiebeln etwas kürzen, alle Zwiebeln in Salzwasser blanchieren, eiskalt abschrecken und abtropfen.

Die Sauce durch ein Tuch passieren und noch einmal aufkochen lassen.

Die Aalstücke in heißem Öl anbraten, das Fett mit Küchenpapier abtupfen und die Aalstücke in der Sauce gar ziehen lassen.

Die Kartoffeln abgießen, trockendämpfen und vor dem Anrichten zusammen mit den Zwiebeln in der heißen Butter braten. Mit den Bröseln bestreuen und diese kurz durchschwenken.

Die Aalstücke aus der Sauce nehmen und auf vorgewärmten Tellern anrichten. Die Sauce mit der kalten Butter binden und über den Aal gießen. Mit Kartoffeln, Perl- und Lauchzwiebeln umlegen.

Hechtschwanz mit Senfbutter und Kapern

Zutaten für 2 Personen

Für den Hecht:
1 küchenfertiger Hechtschwanz von 600-700 g
Salz, weißer Pfeffer aus der Mühle
Zitronensaft
2 fest kochende Kartoffeln
Tempuramehl zum Bestäuben
40 g Butter

Für die Senf-Kapern-Butter:
80 g Butter
1/2-1 EL Dijon-Senf
30 kleine Kapern (Nonpareilles), grob gehackt
1 TL Petersilie, sehr fein gehackt

Den geschuppten Hechtschwanz mit Salz, Pfeffer und Zitronensaft würzen. Die Kartoffeln schälen, in 3-4 mm dicke Scheiben schneiden, in kochendem Salzwasser blanchieren und abtropfen lassen.

Den Hechtschwanz rundherum mit Tempuramehl bestäuben und zusammen mit den Kartoffeln in der heißen Butter anbraten. In den auf 180 Grad vorgeheizten Ofen stellen und unter häufigem Begießen mit der Bratbutter in 15-20 Minuten garen.

Für die Senf-Kapern-Butter die Butter in einem Töpfchen leicht bräunen. Den Senf einrühren, wobei er sofort ein wenig ausflockt; es gibt keine homogene Sauce. Die Kapern und die Petersilie einrühren und die Sauce vom Herd nehmen.

Den Hechtschwanz zusammen mit den Kartoffeln auf eine vorgewärmte Platte legen und mit der Senf-Kapern-Butter umgießen.

Lachs mit Meerrettichkruste

Zutaten für 4 Personen

Für die Kruste:

40 g Butter
1/2 cl Zitronensaft
Cayennepfeffer
1 EL frisch geriebener Meerrettich
20 g Räucherlachsscheiben bester Qualität
50 g frisch geriebenes Weißbrot ohne Rinde

Für den Lachs:

4 Wildlachsscheiben von je etwa 120 g, aus dem Mittelstück eines größeren Filets geschnitten, ohne Haut
Salz
1-2 EL geschmacksneutrales Öl
Dill zum Garnieren

Für die Riesling-Creme-Sauce:

12 cl Fischsud
4 cl trockener Riesling
2 cl Noilly Prat
15 cl dickflüssige Sahne
5 g Butter
1 EL geschlagene Sahne
Salz, Zitronensaft, Cayennepfeffer
1 Spritzer Wodka

Die Butter zimmerwarm werden lassen und schön schaumig rühren. Zitronensaft, Cayennepfeffer, Meerrettich, den in Würfel geschnittenen Räucherlachs und zum Schluss die frischen Weißbrotbrösel zugeben und alles locker vermischen.

Die Lachsfiletscheiben schwach salzen und die Krustenmasse etwa 1/2 cm dick auf die Hautseite streichen.

Das Öl in einem ovalen gußeisernen Geschirr erhitzen. Die vorbereiteten Lachsscheiben hineinlegen und im auf Oberhitze vorgeheizten Ofen (oder unter dem Salamander bzw. Grill) braun überbacken. Danach noch einige Minuten im ausgeschalteten Ofen bei geöffneter Ofentür nachziehen lassen. Der Lachs muss innen noch rosa sein. Machen Sie zur Sicherheit die Nadelprobe: Eine Spicknadel in die dickste Stelle stechen und diese nach 20 Sekunden an die Oberlippe halten die Nadel muss gerade warm sein, keinesfalls heiß.

Während der Lachs gart, den Fischfond mit Weißwein und Noilly Prat etwas einkochen lassen. Mit der Sahne auffüllen und erneut einkochen lassen. Die Butter mit dem Mixstab darunterschlagen, dann die geschlagene Sahne unterheben und die Sauce mit Salz, Zitronensaft, Cayennepfeffer und Wodka abschmecken.

Die Sauce auf vorgewärmte Teller gießen, den Lachs in die Mitte setzen und sofort servieren.

Kartoffel-Gurken-Gemüse oder auch Blattspinat und mehlige Dampfkartoffeln sind die idealen Beilagen dazu.

111

Gebratene Seezunge mit Venusmuscheln

Zutaten für 4 Personen

Für die Muscheln:

1 kg frische Venusmuscheln
1 Schalotte, gewürfelt
1-2 junge Knoblauchzehen, angedrückt oder gewürfelt
2 EL Olivenöl
2 Zweige Thymian
1 Lorbeerblatt
1 TL weiße Pfefferkörner
1/8 l trockener Weißwein

Für die Marinade:

3 EL Olivenöl
1 EL Estragonessig, knapp gemessen
Salz, weißer Pfeffer aus der Mühle
wenig Zitronensaft
40 g Staudensellerie, sehr fein gewürfelt
je 20 g rote, grüne und gelbe Paprikaschote, sehr fein gewürfelt
1 kleine Schalotte, sehr fein gewürfelt
1 EL gehackte Petersilie

Für die Seezungen:

4 küchenfertige Seezungen von je etwa 220 g
Salz
Mehl zum Wenden
2 EL Öl
40 g Butter

Zum Bestreuen:

1-2 fest kochende Kartoffeln
1-2 EL Öl
Salz

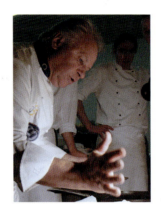

Die Muscheln unter fließendem kaltem Wasser gründlich abbürsten und abtropfen lassen.

Schalotte und Knoblauch im heißen Olivenöl andünsten, Thymian, Lorbeerblatt, Pfefferkörner und die Muscheln zugeben, den Wein angießen und sofort den Deckel auflegen. Die Muscheln bei starker Hitze – unter Schütteln des Topfes – garen, bis sich die Schalen öffnen. Die Muscheln mit einem Schaumlöffel herausnehmen, leicht abkühlen lassen und das Fleisch nach Wunsch aus den Schalen lösen. Den Kochsud um etwa zwei Drittel einkochen, durch ein feines Sieb gießen und abkühlen lassen.

Für die Marinade das Olivenöl mit Muschelfond und Essig mit dem Mixstab aufschlagen und mit Salz, Pfeffer und Zitronensaft pikant würzen. Die Muscheln mit Gemüsewürfeln und Petersilie hineingeben, abschmecken und beiseite stellen.

Die Seezungen mit Salz würzen, nur leicht in Mehl wenden und überschüssiges Mehl abschütteln. Öl und Butter in einer großen Pfanne erhitzen und die Fische darin kurz bei guter Hitze auf beiden Seiten anbraten. Dann in den auf 140 Grad vorgeheizten Ofen stellen und die Seezungen fertig ziehen lassen.

Inzwischen die Kartoffeln schälen und in winzige Würfelchen schneiden. In einer beschichteten Pfanne in wenig Öl goldgelb und gar braten und leicht salzen.

Die Seezungen mit Muscheln, Gemüse und der Marinade auf gut vorgewärmten Tellern anrichten und mit den Kartoffelwürfelchen bestreuen. Sofort servieren.

Eckart Witzigmann –
und das absolute Geschmacks-Gen

Hans-Peter Wodarz

war zwei Jahre lang „Witzigmann-Schüler" im Tantris und teilt seitdem die kulinarische Zeitrechnung in Deutschland in „vor und nach Witzigmann". 1975 eröffnete er in München „Die Ente im Lehel" und gründete 1979 im Nassauer Hof in Wiesbaden die „Die Ente vom Lehel". 1990 erfüllte sich für Wodarz ein Traum. Er ging mit dem Restaurant-Theater „Panem et Circenses" auf Tournee. 1993 veränderte er die Inszenierung in „Pomp Duck and Circumstance" und gibt seitdem Gastspiele im In- und Ausland. Im Mai 2000 brachte Hans-Peter Wodarz „Die Ente vom Lehel" zurück nach München; ihr neues Nest hat sie im ArabellaSheraton Grand Hotel – gastronomische Beratung: Hans-Peter Wodarz

In jeder Epoche gibt es nur ganz wenige Genies, die überragende Leistungen über einen längeren Zeitraum bringen und die Gesellschaft mit ihrem kreativen Potential bereichern. Musiker, Schriftsteller, Maler, Architekten, Ökonomen und zuweilen auch Politiker bringen es aufgrund Ihrer genialen Leistungen zu Ruhm (und Reichtum) – aber Köche?

Sie arbeiten meistens dort, wo es heiß und fettig ist und wohin sich nur selten die Scheinwerfer der Fernsehkameras verirren. Die wahren Genies können zwar die Nuancen von sieben verschiedenen Curry-Sorten unterscheiden und kennen die Bodenbeschaffenheit der besten Weinberge in Beaune, aber sie wollen nur selten über ihre Geschmackskompositionen sprechen. Denn Geschmack kommt von schmecken und nicht von sprechen.

Dies weiß auch Eckart Witzigmann, der auf dem Höhepunkt seiner Berufskarriere mit 60, auf bislang unerreichte Erfolge zurückblicken kann. Der Immigrant aus Österreich hat das absolute Geschmacks-Gen, mit dem er die kulinarische Szene im Nachkriegsdeutschland geprägt hat wie kein anderer.

Wenn alle Witzigmann-Schüler, überall auf der Welt, morgen den Löffel abgeben würden, dann würde die einflußreichste Geschmacksschule aussterben, und die Welt wäre

Franz Keller, Altmeister der Küche und streitbarer Verfechter von Produktqualität, umgeben von damals höchst viel versprechenden Jungköchen. Von links nach rechts: Harald Wohlfahrt, Hans-Peter Wodarz, Josef Viehhauser, Otto Koch, Eckart Witzigmann und Peter Wehlauer

ärmer. Denn Eckart Witzigmann hat in vier Jahrzehnten über zahllose Stationen zwischen *Tantris* und der *Aubergine* viele Talente zu Meistern gemacht. Ungeschliffene Rohdiamanten hat er so lange geschliffen, gepflegt und traktiert, bis ihr wahrer Charakter und ihre wirkliche Begabung zum Vorschein kamen. Jede Minute der Kooperation mit ihm ist Lehre. Er wollte sein Wissen nie für sich behalten, sondern gab es seinen Schülern stets freimütig weiter. Wer mit ihm zusammenarbeiten durfte, auch in einer verdoppelten oder verdreifachten 35-Stunden-Woche, bekam ein Geschenk. Sein Blick für die wesentlichen Zutaten, sein Gespür für Frische, Konsistenz und Kombination, seine Fähigkeit zur Vereinfachung, seine ästhetische Formsprache, sein Experimentierwille und sein Mut zur Eigenwilligkeit beim Würzen, Garen, Braten sind wirklich einzigartig. Sein feiner Schnitt der Gänseleber ist legendär, seine Currysuppe auf Eis macht ihm niemand nach, seine Freude am Kochen und Genießen war ansteckend. Sein Herz als Koch war nie lauwarm, in ihm brennt ein Feuer. Den Funken, die von ihm ausgehen, kann man sich nicht entziehen. Wer von ihm lernen will, der lernt fürs Leben. Tausende von Köchen haben dies getan und verehren ihren Lehrmeister. Denn in einem Punkt unterscheidet er sich von anderen Köchen, die gerne in seiner Klasse mitspielen würden: in seiner Bescheidenheit. Noch heute kennt Witzigmann keine Abgehobenheit, Distanz oder gar Arroganz. Ganz egal, wen man fragt, das Urteil über Witzigmann ist überall eindeutig: „Der Chef ist einer von uns."

Witzigmanns Fähigkeit zur Herzensbildung war schon frühzeitig erkennbar. Auf unserer dreiwöchigen kulinarischen Küchenexpedition 1983 nach China war es Witzigmann, der instinktsicher bei jedem Essen die Chance für die künftige euro-asiatische Küche erkannte. In unserer Reisebrigade war er stets Gleicher unter Gleichen, obwohl alle wußten, dass seine Professionalität und Überdosis an Kreativität für uns unerreichbar war.

„Essen und Trinken ist die Grundlage für Vernunft und

Zum 3. Michelin-Stern richtet Hans-Peter Wodarz den Galaempfang für Eckart Witzigmann in 'der Ente vom Lehel' aus. Paul Alfons Fürst von Metternich-Winneburg gratuliert. Musikalisch präsentieren sich Alfons Schuhbeck, Eckart Witzigmann und Hans-Peter-Wodarz auf dem 50. Geburtstag von Reinhold Messmer

Hans-Peter Wodarz mit seinem Wappentier, das seinem Münchner Restaurant „Die Ente im Lehel" bzw. seinem Wiesbadener „Die Ente vom Lehel" den Namen gab. Wodarz organisierte 1983 für seine Kollegen die kulinarische Küchenexpedition nach Asien, die sie u.a. nach China führte (unten)

Gemeinschaft." Diese Witzigmann-Theorie geht auf theologische Wurzeln zurück und gewinnt zunehmend an Bedeutung. Ein gutes Essen ist ein Geschenk und unbezahlbar. Ist es ein Zufall, dass Politiker auf dem glatten internationalen Parkett wirkliche Fortschritte erst im privaten Kreis erzielen? Es muss nicht immer die russische Sauna sein, wo Schweiß, Blut und Tränen fließen; oft reichen ein hervorragender Wein und ein Ausflug in die gut gemachte regionale Küche, um die Sinne zu öffnen und Gemeinschaft zu stiften. Eckart Witzigmann hat sich verdient gemacht um das Gemeinwesen, weil er bewiesen hat, dass es in der deutschen Küche weite Horizonte gibt, jenseits fetter Saucen und einfallsloser Sättigungsbeilagen. Jede Kultur wird in ihrer jeweiligen Epoche auch danach beurteilt, welche kulinarischen Leistungen vollbracht wurden.

Der Wahlmünchner, der im Herzen Österreicher geblieben ist, hat mit seiner Arbeit im *Tantris* das „deutsche Küchenwunder" angeschoben und mit spielerischer Leichtigkeit instinktsicher den guten Geschmack, jenseits aller Feinschmeckerei, salon- und küchenfähig gemacht. Denn sein Anliegen war es nie, die Schickeria mit den Dollarzeichen in den Augen zu bedienen. Er ist im wahrsten Sinne ein „Volkskoch", der vom Münchner Herd aus beachtliche kulinarische Entwicklungshilfe geleistet hat. Sein Kanon – gute regionale Produkte, frische neuartige Kompositionen und kreative Zubereitung – hat sich herumgesprochen und viele Hausfrauen und Hausmänner inspiriert. Denn Eckart Witzigmann arbeitet mit großer Nachhaltigkeit noch heute daran, seine Ideen populär zu machen. Seine Sinnstiftungen – knapp und pointiert – im Magazin der Süddeutschen sind Legende. Kein Wort zu viel, kein Schmäh und keine Wortgirlanden. Er schreibt, wie er kocht – auf den Punkt. Wenn man Witzigmanns Lebenswerk würdigt, kommt man nicht daran vorbei, bei so viel Licht auch etwas Schatten zu sehen. Er hat Generationen von Köchen geprägt und zu Höchstleistungen trainiert. Wir, seine Schüler, haben es aber versäumt, uns auch öffentlich selbstbewusst zu wich-

tigen Fragen gesunder Ernährung nachhaltig und unüberhörbar zu äußern, wie es der Chef immer predigte. Hätten alle Witzigmann-Schüler früh und laut die unsägliche Massentierhaltung angeprangert und auf Alternativen aufmerksam gemacht, das Verbot der Verfütterung von tierischem Eiweiß an Wiederkäuer immer wieder gefordert, dann wären uns die Seuchen unserer modernen Zeit vielleicht erspart geblieben.

Nach sechs Jahrzehnten stehen allerdings die großen Sinnstiftungen Witzigmanns im Vordergrund. Ohne ihn wäre mein Leben anders verlaufen. Ohne seine Impulse und Anstöße wäre eine akzeptierte Erlebnisgastronomie à la POMP DUCK AND CIRCUMSTANCE nie möglich gewesen. Schon früh brachte er seinen Schülern bei, dass Essen kein Selbstzweck ist; erst die gesamte Atmosphäre, das Gesamtkunstwerk drumherum führt zur vollen Entfaltung der Sinne. Es ist eine schöne Ironie der Geschichte, dass Eckart Witzigmann meine Entertainmentgastronomie eröffnet und begleitet hat und später ebenfalls als künstlerischer Kopf des POMP-Konkurrenten Palazzo del' Arte arbeitete. Diese Konkurrenz hat unser Verhältnis nie getrübt. Im Gegenteil, unsere kulinarischen Wege haben einen Ausgangspunkt im *Tantris*, haben sich immer wieder, nicht nur in der *Ente im Lehel* und in der *Ente vom Lehel* gekreuzt und sich dann wieder in der Entertainmentgastronomie getroffen. Ich bin gespannt auf die weiteren Stationen voller Inspiration, Überraschung und Orientierung. Denn ein einzigartiger kulinarischer Leuchtturm gibt seine Dienste nie auf.

Shanghai (ganz oben) war einer der Höhepunkte während der kulinarischen Asienreise der deutschen Köche, die sich im Laufe der Jahre bei vielen anderen Gelegenheiten wieder trafen. So zum Beispiel in Berlin bei der 'Bunte'-Gala 2000 zur Wahl der 100 besten Restaurants. Von links: Heinz Winkler, Eckart Witzigmann, Hans Haas, Hans-Peter Wodarz und Bobby Bräuer. Links: Hans-Peter Wodarz im Spiegelzelt von POMP DUCK AND CIRCUMSTANCE

Eckart Witzigmann –
Drachen-Tiger-Phönix-Suppe

West meets East: Oben europäische Köche zu Gast beim Maharadscha von Jaipur, unten deutsche Köche auf der Chinesischen Mauer

„Der Eckart war uns allen ein Jahrzehnt voraus", sagt sein Schüler Hans-Peter Wodarz. Er erinnert sich noch gut an ein Telefonat, das sie Anfang der Achtzigerjahre zwischen Wiesbaden und München führten. „Wir werden eine euro-asiatische Küche bekommen", hat Witzigmann damals prophezeit, als in Deutschland noch niemand das Wort „Crossover" in den Mund nahm. Er war mit der *Aubergine* auf der Höhe des kulinarischen Ruhms, verteidigte souverän Jahr für Jahr seine drei Michelin-Sterne. Aber er wollte Neuland entdecken. Die an den europäischen Geschmack angepassten Gerichte der China-Restaurants befriedigten ihn nicht. Witzigmann wollte wissen: Wie kochen die Chinesen wirklich?

Wodarz nahm die Anregung des „Chefs" auf. Er sprach in Bonn bei der chinesischen Botschaft vor. Der Kulturattaché war sehr aufgeschlossen. Die chinesische Regierung unterstützte das Vorhaben, das Weingut Fürst von Metternich sagte als Sponsor zu, und nach einem Jahr des Organisierens war es so weit: Sieben deutsche Spitzenköche flogen für zwei Wochen nach China und Hongkong. „Über dem Himalaya hingen wir alle an den Fenstern", erinnert sich Wodarz, von der Wüste Gobi waren sie genauso fasziniert. Das ZDF sendete anschließend eine Reisereportage. Die Bilder zeigen die Köche aus Deutschland, wie sie etwas verdattert in der *Volkskommune Immergrün* zuschauen, wie Peking-Enten gemästet werden. Ein Arbeiter packt die Tiere am Hals, steckt ihnen ein Rohr in den Schnabel und presst Brei in den Schlund. Das geht ratzfatz und wie am Fließband, die Kommune schlachtet im Jahr 120 000 Enten. Abends sitzt Witzigmann mit seinen Kollegen in einem staatlichen Vorzeige-Restaurant. Der Chefkoch trägt eine knusprig braune Peking-Ente in den Nebenraum, in dem den Europäern serviert wird – strikt getrennt von einheimischen Gästen. Auf den Sessellehnen liegen weiße Spitzendeckchen, der Koch trägt eine Mao-Mütze in Weiß. Ein Blick in die Küche wird den Europäern jedoch verwehrt, die Zubereitung der Ente bleibt geheim. Im Gegensatz zu eini-

Andere Länder – andere Küchen. Das Schlangenrestaurant in Kanton (oben) war etwas gewöhnungsbedürftig, aber auch bei anderen Essen gab's viele Überraschungen. Spannend war es zu sehen, was sich in der Küche des Mandarin in Hongkong, damals noch britische Kronkolonie, so alles tat. Zur Ehre der Gäste hatte man sogar im Regent auf der Dachterrasse einen Straßenmarkt aufgebaut

gen Kollegen hantiert Witzigmann virtuos mit den Stäbchen – wie immer war er gut vorbereitet. „Das ist man seinen Gastgebern gegenüber einfach schuldig", ist sein schlichter Kommentar.

„Manchmal haben wir in Restaurants gegessen, in denen 6000 Personen bewirtet wurden", erinnert sich Wodarz. Gräten landeten einfach auf dem Boden, beim Gehen knackten abgenagte Hühnerbeine unter den Schuhen. Immer saßen die Europäer separat im Touristen-Abteil, obwohl es damals in China eigentlich keine Touristen gab.

Im *Mandarin Hongkong* endlich dürfen die Köche ihren chinesischen Kollegen bei der Arbeit zusehen. Witzigmann, der Perfektionist, ist beeindruckt von den superscharfen Messern, will wissen, wo es sie zu kaufen gibt. Mit denen möchte er auch in München gern arbeiten. Die kurzen Garzeiten, das Pfannenrühren oder das Dämpfen im Bambuskorb, all diese typischen Techniken, kennen die deutschen Köche von ihren chinesischen Kollegen in Europa. Aber was sie hier zu essen bekommen, sind überraschend neue Geschmackserlebnisse, nicht vergleichbar mit dem, was zwischen Kiel und München so „chinesisch" genannt wird.

Krass sind allerdings die hygienischen Verhältnisse: Schildkröten, Hühner, Enten werden auf der Straße geschlachtet und ausgenommen. Sehr gewöhnungsbedürftig, fast ein wenig gruselig ist auch ein Menü in Kanton: Es gibt zehn Gänge im Schlangen-Restaurant. Stumm sehen die Köche zu, wie ein Chinese mit einer sich windenden Schlange spielt. Dann schneidet er ihr den Kopf ab und zieht dem Reptil vor den Augen der Gäste die Haut ab. Tapfer essen die Europäer, was anschließend auf den Tisch kommt. Höhepunkt ist die Drachen-Tiger-Phönix-Suppe mit dem Fleisch von Katze, Hund und Schlange, sagt man.

Eckart Witzigmann gibt sich als höflicher Gast. Er würdigt die Anstrengung der Chinesen, trotz eines begrenzten Warenangebots eine optimale Leistung zu bieten, ebenso wie die Tatsache, dass Menschen anderer Kulturkreise andere

Die Bilder oben zeigen bunte Streiflichter aus Indien und Japan, genauer gesagt aus Osaka, und enden auf dem Kreuzfahrtliner MS Arkona, wo Witzigmann die Güte der soeben frisch angelieferten Austern prüft. Auf einem Schiff herrschen andere Gesetze als in der Restaurantküche. Da muss er dann auch schon mal selber das Gemüse putzen. „Der Chef muss alles können", sagt Eckart Witzigmann „und er darf sich für nichts zu schade sein." Mit einem Gläschen Champagner und der Hilfe von Rolf Schmidt wurde dann auch der größte Spargelberg immer kleiner. Brigade wie Gäste staunten nicht schlecht!

kulinarische Vorlieben haben. Eckart Witzigmann: „Das ist einfach eine Frage der Achtung, was denn sonst?!"

Nach Japan reiste Witzigmann auf Einladung der Hotelfachschule von Osaka. Die eiserne Disziplin der Kochschüler war ganz nach seinem Geschmack. Die erschlagend umfassende Kochbuchsammlung, eine der größten der Welt, faszinierte ihn. Spannend und für beide Seiten befruchtend war der gegenseitige Austausch über die unterschiedlichen Küchen der Länder, ihre historischen und kulturellen Hintergründe, die verschiedenen Küchentechniken und die Formen des Anrichtens. Aber die Art, wie man dort das Essen im privaten Kreis wie auch im Restaurant zelebrierte, beeindruckten Witzigmann stark. Auch auf dieser Reise gab es Momente, in denen er sich sagte: „Augen zu und durch." Zum Beispiel beim rohen Thunfisch. Eigentlich nicht ungewöhnlich, aber dieses Bauchstück, das als besonders delikat galt, war so fett, dass selbst der Reisschnaps hinterher kaum half.

Der indische Ministerpräsident, Air India und die Maharadscha Hotelgruppe luden nach Indien ein. Neben einem Empfang beim Maharadscha von Jaipur genoss die Gruppe die schönsten und besten Häuser des Landes, besuchte Bombay, Delhi, Agra und reiste bis Goa. Das Tadsch Mahal und die anderen Paläste beeindruckten ebenso wie die üppigen Märkte, die Art zu kochen und anzurichten, wie auch die Gastfreundschaft des Landes.

Mit Einladungen, als Gastkoch aufzutreten, wurde Eckart Witzigmann regelrecht zugeschüttet. Die Angebote kamen aus aller Welt: Australien, Südafrika, Amerika und aus fast allen Ländern Europas, doch Witzigmann betrachtete sie skeptisch. „Die *Aubergine* kann man nur in München kennenlernen, nicht in Mönchengladbach", pflegte er zu sagen. Nur am Maximiliansplatz hatte er seine eingespielte Brigade, war die Ausrüstung exakt seinen kompromisslosen Anforderungen angepasst.

Wenn er doch ein Gastspiel gab, musste es etwas Besonde-

res sein. Er kochte in New York im Windows of the World, wo er die überraschten Gäste zum Dessert mit typisch österreichischen Mehlspeisen verwöhnte.

Im Foyer der Hamburgischen Staatsoper ließ er Hamburger servieren – mit Lachs und Kaviar.

Die Gourmet-Kreuzfahrt der MS Arkona im Mai 1997 bekam durch seine Teilnahme die höheren Weihen. Und für die Köche an Bord war es ein Höhepunkt, einmal in Witzigmanns Brigade zu kochen. Hermann Fritz aus Warburg, „Aufsteiger des Jahres 1988", erinnert sich: „Ich fühlte mich, als ob ich den ersten Tag die Koch-Klamotten anhätte." Ihn faszinierte die Leidenschaft des großen Chefs für seinen Beruf wie auch sein unbeugsamer Drang nach Perfektion. Witzigmann selbst erlebte hier wieder eine völlig neue Art zu arbeiten, physisch wie psychisch äußerst anstrengend. „Aber wir haben auch viel Spaß gehabt", sagt er heute „und all die herrlichen Städte, die wir gesehen haben. In Genua ging's los, wir waren in Casablanca, Cadiz, Lissabon, Porto, Saint-Malo, ja das war schon sehr schön." Lachend nennt er diese Zeit die „Meuterei auf der Arkona". Und einmal hätte er wirklich gern gemeutert: Irgendwann saß er auf dem Achterdeck, unter sich das blaue Mittelmeer, und schälte Spargel – selbst! Wenigstens stand ein Glas Champagner neben dem Berg faseriger Schalen. Von oben knipsten Passagiere die Szene. Einer war so nett, ihm ein Foto zu schicken.

Nach Marokko, wo er Gast des Königs war, reiste Eckart Witzigmann mit dem Club „Chef des Chefs", eine von Bragard ins Leben gerufene Vereinigung der Küchenchefs von Staatsmännern und Königshäusern, bei der Witzigmann Gründungs- und Ehrenmitglied ist.

Private Urlaubsreisen waren in dieser Zeit eher selten; die Aubergine ließ ihn nicht los. „Für damalige Verhältnisse bin ich zwar viel und weit gereist und habe unglaublich viel erlebt, aber trotzdem hätte ich gern noch mehr von der Welt gesehen. Nun, man kann nicht immer alles haben – ich hatte eben immer den starken Zug zum Herd."

Markt in Indien: Fleisch, Fisch und Geflügel, Gemüse, Kräuter und Früchte – das Handelsleben findet größtenteils unter freiem Himmel statt. Selbst die Profis fanden hier noch unbekannte Produkte. Aber zwischendurch durften sie auch mal (wie richtige Touristen) das Tadsch Mahal besichtigen. Unten sind sie – bei einer anderen Reise des Clubs 'Chef des Chefs' – zu Besuch beim König von Marokko

Eckart Witzigmann –
und das Streben nach Perfektion

Günter Rochelt

*machte eine Kochlehre und das Diplom als Hotelfachmann an der Hotelfachschule in Lausanne und war Food and Beverage Manager im Hilton Konzern. Es folgten 10 Jahre Aufbau einer Gastronomiehandels- und Servicekette. Seit 1989 betreibt Günter Rochelt seine berühmte Brennerei in Fritzens, Tirol.
Er ist häuslich, sportlich, hat den nahezu perfekten Geruchsinn und – laut Zahnarzt – die am stärksten ausgebildeten Gaumenrillen der Welt!*

Kein geringerer als Paul Bocuse war es, der 1973 Eckart Witzigmann in höchsten Tönen lobte. Der äußerst talentierte Österreicher habe einige Zeit bei ihm gearbeitet und sei nun Küchenchef im Münchner *Tantris*. Neugierig ob dieser Lorbeeren wurde ich bei meinem Landsmann vorstellig, und wir merkten sehr bald, dass uns nicht nur Beruf und Nationalität verbinden. Als Kinder der Nouvelle cuisine waren wir ständig auf der Suche nach dem optimalen Rohprodukt, nach der besten Qualität. Das Interesse an der Natur, ihren Früchten, Kräutern und Pilzen, ist die Basis für unsere Arbeit. In unserem ersten gemeinsamen Projekt für das Gourmetbuch Nr. 13 von 1979 stellten wir verschiedene Gerichte mit dem herrlichen Aroma von Berberitzen, Hagebutten, Vogelbeeren, Wacholder und Holunder zusammen.

Besonders gerne erinnere ich mich an unsere Ausflüge „in die Pilze". Mit der Aussicht, einen geheimen Platz gefunden zu haben, an dem sein Lieblingspilz, die Rotkappe, nur so wuchere, jagte ich Eckart einmal in aller Herrgottsfrühe in den Wald. Nachdem ich ihn mehrere Stunden durchs Gehölz gelotst hatte, führte ich ihn schließlich zu der besagten Stelle. Dort warteten – schön säuberlich aufgereiht – zirka vierzig Rotkappen, die ich tags zuvor eingepflanzt hatte. Seinen Luftsprung habe ich mit der Super-8-Kamera festgehalten. Als er mir nach der ersten Begeisterung auf die Schliche kam, belohnte er den Spaß – wie könnte es anders sein – mit einer sagenhaften Pilzsuppe.

Es waren unter anderem diese gemeinsamen Erfahrungen im Bereich der neuen kreativen Küche, die mir zeigten, worauf es beim Schnapsbrennen ankommt. Wie beim Kochen ist auch hier das Rohprodukt entscheidend. Eine Frucht entfaltet nur dann ihren vollen Geschmack, wenn sie unter perfekten Gegebenheiten reifen kann. Mit den Jahren weiß man schließlich, bei welchen Obstsorten das Aroma am kompaktesten in das Destillat übergeht – und trotzdem ist man immer auf der Suche nach Verbesserungen.

Basis für eine gute Freundschaft ist sehr oft ein gemeinsames Ziel. Eckart will die Quintessenz des Geschmacks in seinen Gerichten einfangen, ich versuche eben dieses beim Schnaps. Das Streben nach Perfektion – laut meiner Frau übrigens „typisch für Krebse" – ist mit Sicherheit unsere größte Gemeinsamkeit. Für die nächsten 60 Jahre haben wir uns also einiges vorgenommen!

Auf ein fulminantes Geburtstagsfest und viele gemeinsame Erlebnisse freut sich

Günter

Günter Rochelt und Eckart Witzigmann verbindet seit Jahren eine echte Freundschaft, verwurzelt in mindestens zwei gemeinsamen Charakterzügen: dem Streben nach Perfektion und der ehrlichen Freude am Genuss, geprägt durch gegenseitige Achtung und gepflegt durch zahlreiche private wie arbeitsbedingte Treffen. Und nicht zuletzt durch die Fülle an beiderseitigen fröhlichen Erinnerungen!

Zickleinleber mit Rosinen und Kapern

Zutaten für 4 Personen

600 g Zickleinleber
1 Hauch Mehl zum Bestäuben
3 EL Kreta-Olivenöl
Salz, schwarzer Pfeffer aus der Mühle
40 g Schalotten, fein gewürfelt
1 Knoblauchzehe, fein gewürfelt
60 g Kapernäpfel
4 EL Pinienkerne, geröstet
30 g Rosinen, in wenig Wasser eingeweicht
180 g geschälte Tomaten, in Schnitze geschnitten
1 EL Rotweinessig
1 TL Aceto Balsamico
1 EL Kapernwasser
3 EL Thymianhonig
200 ml Kalbsjus
1 Zweig Majoran
1 EL grob gehackte glatte Petersilie
1 EL gehackte Korianderblätter

Die Zickleinleber sorgfältig von Haut und Sehnen befreien, in etwa 1,5 cm dicke Scheiben schneiden und leicht mehlieren.

Das Olivenöl in einer Pfanne erhitzen und die Leberscheiben darin beidseitig bei nicht zu starker Hitze unter Schwenken der Pfanne anbraten (in der Fachsprache nennt man das „sautieren"). Die Zickleinleber aus der Pfanne nehmen, salzen, pfeffern und und warm stellen.

Schalotten, Knoblauch, Kapernäpfel, Pinienkerne, abgetropfte Rosinen und die Tomatenschnitze in die Pfanne geben und kurz durchschwenken. Mit Rotweinessig, Aceto Balsamico und Kapernwasser ablöschen, salzen und pfeffern. Den Thymianhonig einrühren und alles mit Kalbsjus aufgießen. Kurz aufkochen lassen. Die Zickleinleber mit Majoran, Petersilie und Koriander untermischen, kurz erhitzen und dann sofort servieren.

Als Beilage schmeckt Kartoffel-Carpaccio besonders gut dazu. Dafür geschälte Kartoffeln am besten mit dem Gurkenhobel in hauchdünne Scheiben schneiden. Diese blanchieren, eiskalt abschrecken, trockentupfen und mit zerlassener Butter vermengen. Mit Salz, Pfeffer und Muskat würzen und dachziegelartig auf Tellern anrichten. Unter dem vorgeheizten Grill rasch goldgelb und knusprig werden lassen. Geputzte Steinpilze längs in Scheiben schneiden und in Butter braten, bis die austretende Flüssigkeit verdampft ist. Die Pilze salzen und pfeffern und auf dem Kartoffel-Carpaccio anrichten.

Civet vom Wildhasen

Zutaten für 4 Personen

Für das Fleisch:

1,2 kg Hasenkeulen und -schultern
50 g fetter ungeräucherter (Spickspeck)
Salz, weißer Pfeffer aus der Mühle
2 EL Mehl
6 EL Öl
80 g Wammerl, in Streifen geschnitten
1/2 Flasche kräftiger Rotwein (etwa)
1 Spritzer Cognac
1 Spritzer Grand Marnier

Für die Marinade:

1 Flasche kräftiger Rotwein
1 Bouquet garni
20 Pfefferkörner
1 Gewürznelke
1 Lorbeerblatt
280 g Zwiebeln, in walnussgroßen Stücken
60 g Staudensellerie, in walnussgroßen Stücken
120 g Karotten, in walnussgroßen Stücken
1/8 Orange, in walnussgroßen Stücken
1/4 Apfel, in walnussgroßen Stücken
4 Zweige Thymian
10 Wacholderbeeren
etwas Öl

Für die Leberreduktion:

10 g Schalotten, fein gewürfelt
5 Wacholderbeeren
1 Zweig Thymian
1 Lorbeerblatt
1 Gewürznelke
1 pfenniggroßes Stück hauchdünn abgeschnittener Orangenschale
100 ml Madeira
100 ml Portwein
3 schöne, große Poulardenlebern (noch besser natürlich: Hasenleber)
4 cl Cognac
3 EL Schweineblut

Die Hasenkeulen jeweils in 2-3 Stücke schneiden bzw. hacken; die Schultern bleiben ganz. Den Speck in 1/2 cm dicke Streifen schneiden und diese mit Hilfe einer Spicknadel in die Keulen einziehen. Die Keulenstücke und die Schultern in eine Schüssel geben.

Für die Marinade den Rotwein mit allen anderen Zutaten mischen, die Hasenstücke damit begießen, mit etwas Öl beträufeln und zugedeckt über Nacht marinieren lassen.

Am nächsten Tag alles in einem Sieb abtropfen lassen und die Marinade dabei auffangen. Die Hasenstücke aus dem Sieb nehmen, mit Salz und Pfeffer würzen, in Mehl wenden und überschüssiges Mehl leicht abschütteln. Das Fleisch in 2 EL Öl langsam rundherum Farbe nehmen lassen.

Inzwischen 2 EL Öl im Schmortopf erhitzen und das Wammerl darin leicht ausbraten. Gemüse und Gewürze aus der Marinade darin unter Wenden anrösten. Das angebratene Fleisch zufügen und in 3-4 Schritten mit der Marinade ablöschen. Diese jeweils fast völlig einkochen lassen, bevor die nächste Portion zugegossen wird. Rotwein zugießen und das Fleisch zugedeckt im auf 190 Grad vorgeheizten Ofen in etwa 90 Minuten weich schmoren. Es soll von der Flüssigkeit bedeckt sein.

Für die Leberreduktion die Schalotten und Gewürze mit Madeira und Portwein in einen Topf geben und den Wein fast völlig einkochen lassen. Die Poulardenlebern hineingeben und anziehen lassen, bis sie steif sind. Mit dem Cognac flambieren, durchmixen, durch ein Haarsieb passieren und das Blut darunterrühren.

Die Hasenstücke aus dem Topf nehmen und in eine Kasserolle geben. Den Schmorfond durch ein Spitzsieb in eine zweite Kasserolle drücken. Dann die Lebermasse dazugeben und darauf achten, wieviel man zufügen kann, ohne dass die Sauce zu dick wird. Die Sauce heiß rühren, ohne zu kochen und mit Salz, Pfeffer, etwas Cognac und Grand Marnier abschmecken. Durch ein Spitzsieb auf die Hasenstücke klopfen und alles bei sanfter Hitze ziehen, aber nicht kochen lassen, bis das Fleisch wieder heiß ist.

Das Fleisch auf vorgewärmten Tellern anrichten und mit der Sauce übergießen. Nach Wunsch mit gebratenen Steinpilzen, Speckstreifen und Schalotten garnieren.

Eine ideale Beilage sind Bandnudeln, gemischt mit blanchierten, in Butter sautierten Gemüsestreifen und feinen Scheiben von Périgord-Trüffeln.

Hinweis:

Versuchen Sie, möglichst frische und hiesige, junge Hasen zu bekommen, die nicht älter als 7-8 Monate sind. Ältere und größere Hasen haben viel längere Schmorzeiten und kämen bei dieser Zubereitung evtl. nicht zart und saftig auf den Tisch.

Lammkarree mit Bohnen und Tomaten

Zutaten für 4 Personen

Für die Kruste:

1/2 Aubergine, in 3 mm große Würfel geschnitten
1/2 Zucchini, in 3 mm große Würfel geschnitten, Salz
4 EL Olivenöl
100 g Butter
1 Zweig Thymian
1 Msp. gehackter Rosmarin
1 EL gehackte Petersilie
1 Knoblauchzehe, fein gewürfelt
je 30 g grüne und schwarze Oliven, fein gehackt
1 Eigelb
30 g frische Weißbrotbrösel ohne Rinde (Mie de pain)
weißer Pfeffer aus der Mühle
Zitronensaft

Für das Gemüse:

12 Schlangenbohnen, Salz
4 Schalotten
Meersalz
2 EL Olivenöl
20 g Butter
1 EL Semmelbrösel
2 Tomaten gehäutet, geviertelt und entkernt

Für das Lamm:

2 Lammkarrees zu je 600 g
Salz, frisch gemahlener Pfeffer
etwas Lammjus
Meersalz
schwarzer Pfeffer, grob gestoßen

Für die Kruste die Auberginen- und Zucchiniwürfel leicht einsalzen und etwa 30 Minuten ziehen lassen. Dann ausdrücken, in Olivenöl kross braten und auskühlen lassen. Die Butter schaumig schlagen und mit den gesamten Zutaten vermengen. Mit Salz, Pfeffer und Zitronensaft pikant abschmecken.

Für das Gemüse die Schlangenbohnen putzen, in Salzwasser blanchieren, abschrecken und abtropfen lassen. Die Schalotten nebeneinander auf reichlich Meersalz setzen und im auf 180-200 Grad vorgeheizten Ofen in 15-20 Minuten garen.

Die Lammkarrees mit Salz und Pfeffer würzen und rundherum anbraten. In den 180 Grad heißen Ofen schieben und in 12-18 Minuten (je nach gewünschter Garstufe) braten. Herausnehmen, mit der Kruste bedecken und mit starker Oberhitze gratinieren, bis sie leicht Farbe genommen hat.

Inzwischen für das Gemüse das Olivenöl mit der Butter erhitzen, die Bohnen darin leicht andünsten und mit den Bröseln bestreuen. Die Tomaten zufügen und kurz erhitzen, die auf Salz gegarten Schalotten halbieren.

Die Lammkarrees aufschneiden. Den erhitzten Lammjus auf vorgewärmten Tellern verteilen, das Fleisch mit dem Gemüse darauf anrichten und mit etwas Meersalz sowie grob gestoßenem Pfeffer bestreuen.

Gefülltes Kalbskotelett mit Chicorée

Zutaten für 4 Personen

Für die Koteletts:

4 Kalbskoteletts, jeweils mindestens 2 cm dick
80 g Kalbfleisch
Salz, weißer Pfeffer aus der Mühle
1/2 Eiweiß
1-2 EL Crème double
20 Estragonblätter
8 Pistazien, fein gehackt
1 EL Öl
10 g Butter
100 ml Kalbsjus

Für den Chicorée:

2 Chicorée
15 g Butter
1-2 TL Puderzucker
Salz, weißer Pfeffer aus der Mühle
4 cl weißer Portwein
2-3 EL Geflügelfond
50 g geschlagene Sahne

In die Koteletts jeweils direkt neben dem Knochen eine Tasche einschneiden. Die oberen 2 cm des Knochens von Fett und Fleisch befreien.

Für die Füllung das Kalbfleisch mit dem Mixer zerkleinern, in eine gekühlte Schüssel geben, salzen, pfeffern und gut verrühren. Das Eiweiß zugeben und so lange weiterrühren, bis die Masse bindet. Dann nach und nach die Crème double darunterarbeiten. Die Masse durch ein Haarsieb passieren, 6 Estragonblätter fein zerschneiden und samt den gehackten Pistazien unterrühren.

Die Koteletts damit füllen und die Einschnitte zunähen. In einer breiten Kupferkasserolle das Öl mit der Butter erhitzen, die Koteletts hineinlegen und im auf 200 Grad vorgeheizten Ofen etwa 8 Minuten braten.

Vom Chicorée jeweils die Strunkansätze kegelförmig herausschneiden. Den Chicorée in die einzelnen Blätter zerlegen, dabei mögliche braune Stellen glatt abschneiden. Die Butter in einer Pfanne erhitzen, den Chicorée darin nur leicht Farbe nehmen lassen, mit Puderzucker bestäuben und leicht karamellisieren lassen. Dann salzen, pfeffern, mit dem Portwein ablöschen und diesen etwas einkochen lassen. Den Geflügelfond zufügen.

Die Koteletts aus der Kasserolle nehmen, von den Fäden befreien und warm stellen. Den Bratfond mit Kalbsjus ablöschen, einmal aufkochen lassen und abschmecken. Den Chicorée mit dem Kotelettfond auf vorgewärmte Teller verteilen und die Koteletts darauf anrichten. Die Sahne unter den Chicoréefond ziehen und diesen über den Chicorée geben. Mit den restlichen Estragonblättchen (nach Wunsch frittiert) garnieren.

Eckart Witzigmann –
ein Spaziergang über den Viktualienmarkt

Klaus Trebes

war während seines Studiums des Rechts und der Politikwissenschaften in Frankfurt aktives Mitglied der Studentenbewegung, absolvierte 1979 sein zweites juristisches Examen und war zwischenzeitlich Mitbegründer des freien Kulturzentrum Batschkapp. Er arbeitete in der politischen Kabarettgruppe „Chaos Theater" und schrieb Texte für Theater, Film und Fernsehen. Dann machte er seine Leidenschaft zum Beruf, eröffnete 1984 mit seiner Frau das Restaurant Gargantua in Frankfurt-Bockenheim, das mittlerweile ins Frankfurter Westend umgezogen ist. Von Klaus Trebes sind die Kochbücher „Rezepte aus dem Gargantua" und „Karpfen oder Kaviar" erschienen, außerdem arbeitet er als Kolumnist für „Die Woche" und als freier Schriftsteller

Auf Münchens Marktplatz stehen keine Denkmäler für Könige, Generäle, auch keines für den Franz Josef Strauß. Dem haben sie eines weit draußen im Erdinger Moos gebaut. Er war ein bekannt miserabler Flieger. Ihre Satiriker, Humoristen und Volksschauspieler ehren sie mit kleinen Standbildern in Bronze. Die Komikerin Else Aulinger, die in so vielen Ludwig-Thoma-Stücken brillierte, Ida Schumacher, mit Schrubber und Eimer, als Ratschkathl immer eine Gosch'n wie eine Marktfrau, begegnen mir beim Marktbummel. Der Weiß Ferdl singt den Biergartenhockern sein Lied von der Linie 8. Der Roider Jackl, ein furchtlos stattliches Mannsbild, spielt die Klampfe neben dem Ochsenbrater. Immer mit Blumen geschmückt das Denkmal der unvergessenen Liesl Karlstadt, der kongenialen Partnerin des Königs der absurden Schwänke, Karl Valentin. Spindeldürr, mit Schirm am Arm steht er, schaut traurig auf den Markt. Semmelknödel oder Semmelnknödeln, das ist hier die Frage, ich habe die Stimme noch im Ohr. Er, der „Brotzeiter", von den Nazis verfolgt, dann nicht mehr gebraucht, verhungerte sozusagen kurz nach dem Krieg. Sein Denkmal auf dem Markt voller Lebensmittel ist wie ein letzter absurder Scherz des großen Genies.

Mit einem anderen Genie, einem quicklebendigen Denkmal Münchens, bin ich am Morgen unterm Valentin verabredet. Eckart Witzigmann, der große Koch und Wegbereiter des deutschen Küchenwunders und Lehrmeister der meisten großen Köche Deutschlands, kauft ein für ein Menü, das er für die Presse kocht. Er will mir beim Einkauf seinen Markt zeigen. Ihn, den alle noch respektvoll den Chef nennen, hat München gefeiert, verehrt und dann doch unwürdig behandelt. Auch wenn er heute aus Mallorca zurückkehrt, zieht es ihn immer wieder auf den Viktualienmarkt. Als er im *Tantris* und seiner *Aubergine* kochte, kam vieles vom Großmarkt, direkt aus Paris.

Dennoch ließ der Chef es sich nicht nehmen, mehrmals in der Woche über den Markt zu gehen. „Da finde ich immer etwas Spezielles, reservieren mir die Händler die schönsten

Kräuter, und immer ist der Spaziergang über den Markt Anregung, Inspiration für neue Rezepte", erklärt er mir. Hier gibt es nicht bloß Lebensmittel, Viktualien sind das, wie in München die Bilder auch in einer Pinakothek hängen. Ein erster Kaffee im *Café Nymphenburg-Sekt*. Er hat so seine Gewohnheiten, der Chef, beim morgendlichen Einkauf. Ist er sehr früh dran und der Morgen kalt, wärmt er sich, wie die Marktfrauen, am Haferl Kaffee im *Café Frischhut* die Hände und ißt eine auszogne Schmalznudel, die mich in die Kindheit zurückversetzt. Die wunderbaren Sträubla der Oma, hier finde ich sie wieder.

Jetzt aber einkaufen, der Chef muß noch kochen. Prächtigste Auslagen bauen sie alle auf, die Gemüsehändler des Viktualienmarkts. Ob bei Koch oder Sutor, wo für den Meister die Gemüse einzeln ausgesucht werden, und wo er Gemüsespezialitäten aus aller Welt findet, Trüffeln, aber auch die ganz rar gewordenen Hopfensprossen aus der Holledau. Die sind so selten geworden, weil niemand sich mehr die Arbeit des Pflückens machen will, erklärt er mir. Unglaublich die Auswahl an Kräutern, Gurken, Sauerkraut, Senf, Essig und Öl bei Freisingers. Natürlich fehlen hier, wie bei Rottlers Viktualien, die Stangen frischen Meerrettichs nicht. „Meerrettich-Mekka", nannte Siggi Sommer, der Berufsspaziergänger und Brotzeiter, als Blasius berühmt, den Viktualienmarkt. Zurück zu Hans Hollweck, der „Rottlers" jetzt mit seiner Frau führt. Er ist eigentlich Küchenmeister, hat bei Kollegen vom Eckart gearbeitet. Man kennt sich und neckt sich. Der Chef bestellt: Petersilie, erster Schnitt, Schnittlauch auch erster Schnitt. Das hat der Hans natürlich für solche Kunden parat. Das sind die ersten Austriebe, feinblättrig und zart. Zweiter Schnitt ist für den Geschmack, erster für die Garnitur. Denn heute wird nicht nur gekocht, auch fotografiert. Rottlers Stand war immer schon berühmt für seine Gewürze und sein Hausgemachtes. Konfitüren, Marmeladen, ausgefallen, ja fast ausgeflippt. Es gibt Eckarts Lieblings-Feigen-Konfitüre, seine Essigzwetschgen, hausgemachten Senf, Maronen mit echter Vanille,

„Kochen macht Spaß – aber nur mit guten Zutaten. Das gilt für eine einfache Orange wie für einen teuren Hummer. Mein Münchner Lieferant für Wild- und Wildgeflügel ist der Heuwieser am Viktualienmarkt. Und das schon seit Zeiten, als Frau Häfner-Heuwieser noch im Laden stand."

Initiiert durch Hans Schaffner, dem legendären Sprecher der Markthändler, ließ sich Eckart Witzigmann auf dem Viktualienmark mit Lebensmitteln aufwiegen; der Erlös kam sozialen Einrichtungen zugute

Bevor er mit tatkräftiger Unterstützung durch Caroline Reiber, Rupert Stöckl, Karl Obermayer und Georg Lohmeier auf die Waage durfte, musste er sich „neutralisieren" lassen, weil die Ehre des Aufwiegens eigentlich nur echten Bayern zusteht. Aber bei Eckart Witzigmann, da waren sich die Viktualienhändler einig, da darf man schon mal eine Ausnahme machen

Produkte nach alten Rezepturen, Neuschöpfungen von Hans Hollweck, Kreationen von Eckart oder von Betty Hollweck. Mit einem verschwörerischen Lachen präsentiert der Hans dem Eckart in der Tüte versteckt erste zarte Bärlauchblätter. Das haut dem Chef die ganze Planung um. Da mach ich eine Bärlauchsauce zu dem Kitz, entfährt es ihm. Oder doch eine andere Suppe? Die Geschichte mit dem Bärlauch ist eine ganz besondere. Heute ist der Bärlauch auf dem Viktualienmarkt fast allgegenwärtiger als der Münchner Radi. Als wär's ein Traditionsgemüse oder Kräutlein, das hier immer schon angeboten wurde. Heute gibt es ihn frisch, als Pesto oder eingelegt in Öl, als Bärlauchbutter und als fertige Sauce. Dabei war es der Witzigmann, der dieses Wildkraut in die Küche eingeführt hat. Bei einem Spaziergang mit seinem Freund Henry Levy fand er im Englischen Garten eine Wiese, die nach Knoblauch roch. Besah sich die lanzettförmigen Blätter, Maiglöckchen waren das nicht. Ein mit Levy befreundeter Botaniker in Berlin bestimmte das Gewächs, Allium ursinum, ein Knoblauchgewächs. In alten Heil- und Pflanzenbüchern beschrieben, aber für die Küche nicht benutzt. Mir erzählten später Hobbyköche, ihre Oma habe schon damit gekocht, und in Rumänien sei das schon immer verbreitet gewesen oder sonst abenteuerliche Geschichten. Ich habe nachgeforscht und kein frühes Rezept gefunden. Das erste stammte vom Eckart, und alle Welt, zuerst die Köche und die Kochzeitschriften, zogen nach. Und nachher hatte jeder es zuerst gewußt. Doch so entstehen viele Legenden. Erhielte der Eckart dafür eine Lizenzgebühr, für all die Bündel, Produkte, die Gerichte – ruhig könnte er im Biergarten sitzen und das Leben nur genießen. Mit seinen Rezepten hat er nicht nur unsere ganze Küchenkultur verändert, auch diesen Markt. Das spürt man an allen Ecken und Ständen beim Gang über den Markt. Ob beim Wild Heuwieser, am Salatstand beim Sigi Heckmeier, bei Kartoffel Schwarz, man kennt, schätzt und respektiert sich. Bei Fisch Witte wird der Meister mit großem Hallo begrüßt. Die Krebse für die Erbsensuppe kauft er ein. Im Becken Karpfen aus der Oberpfalz, Feinstes vom Pariser Großmarkt liegt auf Eis. Ich hol uns noch ein Stück Bergkäse im Tölzer Kasladen, der von Almbetrieben, kleinen Molkereien, Bauern über 100 Sorten Käse aus vielen Ländern bietet und perfekt reifen läßt. Überlege, als wir die Zeile der Metzger entlang schlendern, wie lange es die Weißwürste, Wollwürste, Bries-Milzwürste hier noch gibt. Das Bruckfleisch, den Kalbskopf, den Kalbsnierenbraten, all diese altbayrischen Schmankerl, die fränkischen Spezialitäten – werden wir darauf verzichten? Er, der Eckart, hat doch all die regionalen Spezialitäten wieder „hoffein" gemacht, geadelt. Ein Kalbslaberl mit einem Kartoffelgurkensalat, eine gefüllte Kalbsbrust, die k.u.k., die bayrische Regionalküche hielt er, der Dreisternekoch, genauso in Ehren wie die klassische französische Küche. Sein Einsatz für die Küche der Regionen hat überall den Köchen Mut gemacht, sich auf heimische Traditionen zu besinnen. Es ist oft der Duft, der Geschmack der Kindheit, der uns prägt. Die große Fähigkeit eines Kochs ist es, diese Erinnerungen zu wecken. Setzt mir den Eckart in eine spanische Bodega, eine italienische Trattoria oder einen Heurigen, kurz darauf entstehen unter seinen Händen Schmankerl, die duften und schmecken, wie die Essenz dieser Regionen. Und immer ist da dieser spezifische kleine Klacks „Eckart" – selbst bei seinen Schülern fehlt er nie.

Der Chef muß gehen, für die Fotografen kochen. Die Sonne kommt heraus, weiß-blau ist plötzlich der Himmel. Ich kauf mir einen Radi, eine Halbe Bier, setze mich in den Biergarten und vespere den Käse dazu. Blicke auf den Maibaum, der ganz wie in einem Dorf auf der Mitte des Marktes steht. Schaue den Touristen, Hausfrauen, Brotzeitern zu und höre, wie in meiner Kindheit, sonntags am Radio sitzend, den Weiß Ferdl singen, und in all dem Treiben kann nur ich ihn hören. Beim Heimgehen grüß ich den Weiß Ferdl, die Liesl, den Valentin und überlege mir: Werden die Münchner dem Eckart Witzigmann hier auch mal ein Standbild erbauen?

Die Qualität von Gemüse war Eckart Witzigmann ebenso wichtig wie die von sogenannten Edelprodukten. „Die besten Süßwasserfische und Krebse, herrliche bayrische Krebse, gab's bei Fisch Maier am Viktualienmarkt." Zur Trüffelzeit reiste er ins Piemont und traf sich mit Adria Ferran auf der Auktion in Alba

Milchlamm mit Bärlauch

Zutaten für 6 Personen

Für die Marinade:

50 ml Olivenöl
50 ml Weißwein
2 Knoblauchzehen, fein gewürfelt
1 EL gehackte Petersilie
1 TL gehackter Thymian
1 TL gehackter Rosmarin

Für das Lamm:

1/2 Milchlamm von etwa 3 kg
12 fest kochende Kartoffeln
4 weiße Zwiebeln
6 Artischocken
Meersalz

weißer Pfeffer aus der Mühle
1 Knolle junger Knoblauch
1 l Wasser

Für die Bärlauchbutter:
100 g Butter
2 Schalotten, sehr fein gewürfelt
50 g Bärlauch, in feine Streifen geschnitten

Für die Marinade das Olivenöl mit dem Wein, dem Knoblauch und den Kräutern verrühren. Das Lamm rundherum mit der Marinade einreiben und 2-3 Stunden ziehen lassen.

Kartoffeln und Zwiebeln schälen und in nicht zu dünne Scheiben schneiden. Die Artischocken wie gewohnt putzen und in Ecken schneiden.

Die Kartoffeln mit Zwiebeln und Artischocken in die Fettpfanne des Backofens oder in einen großen, flachen Bräter geben und leicht mit Meersalz und Pfeffer würzen. Die ungeschälte Knoblauchknolle in Scheiben schneiden und diese auf dem Gemüse verteilen.
Die Milchlammhälfte rundherum mit Salz und Pfeffer würzen und auf das Gemüse legen. Das Wasser angießen und das Lamm in etwa 2 Stunden im auf 140 Grad vorgeheizten Ofen garen. Das Fleisch dabei immer mal wieder mit dem Garfond überschöpfen.

Für die Bärlauchbutter die Butter mit den Schalottenwürfeln in einer Pfanne aufschäumen lassen und den Bärlauch zufügen. Sofort über das fertige Lamm gießen und dieses – direkt im Gargeschirr – servieren.

Rinderschulter mit Salbei-Polenta

Zutaten für 8 Personen

Für die Rinderschulter:

1 flache Rinderschulter von
etwa 2,5 kg
Salz, weißer Pfeffer aus der Mühle
Mehl zum Bestäuben
Olivenöl
50 g Butter
500 g Schaschlik-Zwiebeln, geschält
und halbiert
1 EL Tomatenmark
200 ml kräftiger Rotwein
1/2 l Wasser
1 Bouquet garni (Petersilie, Thymian, Lorbeerblatt)
Butter zum Bestreichen

Außerdem:

2 kleinere Karotten, längs halbiert
12 Schaschlik-Zwiebeln, geschält

Für die Polenta:

1/2 l Wasser
1 Lorbeerblatt
60 g Polentamehl
Salz
90 g Butter
13-14 Salbeiblätter
40 g Parmesan, frisch gerieben

Die Rinderschulter mit Salz und Pfeffer würzen, mit Mehl leicht bestäuben und in einem Bräter in wenig Öl etwa 10 Minuten auf der Hautseite anbraten. Das Fleisch herausnehmen.

1 EL Olivenöl und 50 g Butter im Bräter erhitzen und die Zwiebeln darin leicht anbraten. Das Tomatenmark einrühren, mit etwa 50 ml Rotwein ablöschen und diesen einkochen lassen. Das Fleisch wieder hineinlegen und den Fond in 3 weiteren Schritten mit dem Wein ablöschen. Diesen jeweils verkochen lassen, bevor die nächste Portion zugegossen wird. Zum Schluss das Wasser angießen und das Bouquet garni zufügen. Einen Bogen Pergamentpapier mit Butter bestreichen. Die Rinderschulter damit abdecken, damit sie nicht schwarz werden kann.

Den Bräter in den vorgeheizten Ofen stellen; wobei die Unterhitze etwa 180 Grad, die Oberhitze 200 Grad betragen sollte. Das Fleisch in etwa 3 1/2 Stunden garen. Nach 2 1/2 Stunden die Karotten und die Schaschlik-Zwiebeln für die Garnitur zufügen.

Sobald der Fleischsaft im Bräter dicklich wird, immer wieder etwas Wasser angießen.

Nach Ende der Garzeit die Karotten und die ganzen Zwiebeln für die Garnitur herausheben und beiseite stellen. Die Schmorsauce nur durch ein grobes Sieb stoßen, nicht passieren; ihre sämige Bindung entsteht allein durch die zerfallenden (halbierten) Zwiebeln.

Das Fleisch mit der Sauce anrichten und mit den Karotten und Zwiebeln umlegen.

Für die Polenta das Wasser mit dem Lorbeerblatt aufkochen, das Polentamehl mit dem Schneebesen einrühren und mit einem Kochlöffel weiterrühren.

Zwischendurch 60 g Butter aufschäumen lassen und 10 Salbeiblätter darin ziehen lassen. Die Blätter dann entfernen.

Die fertige Polenta mit Salz abschmecken und den Käse samt der Salbeibutter einrühren. Die restliche Butter aufschäumen lassen, die übrigen Salbeiblätter hineingeben und diese Mischung beim Anrichten über die Polenta ziehen.

Gefüllter Ochsenschwanz

Zutaten für 10-12 Personen

Für den Ochsenschwanz:

1 großer Ochsenschwanz
1 kleiner Ochsenschwanz
Salz
1 Schweinenetz, gewässert
3 EL Öl zum Anbraten

Für die Füllung:

2 mittelgroße Zwiebeln, gewürfelt
1 EL Butter
1 kleine Knoblauchzehe, gewürfelt
1 kleines Bund glatte Petersilie, gehackt
100 g Steinpilze, grob zerschnitten
500 g Schweinefleisch (Nacken oder Schulter)
100 g Weißbrot ohne Rinde, in wenig Milch eingeweicht
2 Eier
3 gepökelte, gekochte Schweinebäckchen, grob zerschnitten
Salz, weißer Pfeffer aus der Mühle
frisch geriebene Muskatnuss

Für die Sauce:

Ochsenschwanzknochen und -abschnitte (Parüren)
3 Karotten, gewürfelt
2 Zwiebeln, gewürfelt
1/2 Staudensellerie, gewürfelt
2 Knoblauchzehen, gewürfelt
1 EL Tomatenmark
1 EL Mehl
200 ml Madeira
1/2 l Rotwein
Salz, weißer Pfeffer aus der Mühle

Für die Garnitur:

2 Karotten, in grobe Stücke geschnitten
8 kleine Schaschlik-Zwiebeln
1/2 Knolle Sellerie, in grobe Stücke geschnitten

Die Ochsenschwänze auslösen. Dazu mit einem dünnen Messer von der Unterseite her der Länge nach über den ganzen Ochsenschwanz schneiden, dann Knochen für Knochen auslösen, ohne die Fett-Fleisch-Schicht einzuritzen. Die Fettschicht nur am dicken Ende etwas entfernen. An den Enden des ausgelösten Fleisches dieses und die Sehnen kreuzweise einschneiden, damit sich die Sehnen beim Garen nicht zusammenziehen. Die Innenseiten leicht salzen.

Für die Füllung die Zwiebeln in der Butter glasig dünsten. Knoblauch, Petersilie und Pilze zufügen, kurz anziehen lassen und kühl stellen.

Das Schweinefleisch und das ausgedrückte Weißbrot durch die grobe Scheibe des Fleischwolfs drehen und mit Eiern, der Zwiebel-Pilz-Masse und den Schweinebäckchen vermischen. Kräftig mit Salz, Pfeffer und Muskat abschmecken.

Die Farce gleichmäßig auf dem größeren Ochsenschwanz verteilen und mit dem kleineren Schwanz abdecken. In das abgetropfte Schweinenetz einwickeln und mit Rouladengarn umbinden. Rundherum mit Salz und Pfeffer einreiben. Das Öl in einem Bräter erhitzen, den Ochsenschwanz darin rundherum anbraten und herausnehmen.

Für die Sauce die Ochsenschwanzknochen und -abschnitte im Bratfett anrösten, Karotten, Zwiebeln, Sellerie und Knoblauch kurz mitrösten, dann das Tomatenmark zufügen. Alles andünsten, mit Mehl bestäuben und etwas anziehen lassen. Mit Madeira ablöschen, diesen fast völlig verkochen lassen, dann mit Rotwein auffüllen und aufkochen lassen.

Den angebratenen Ochsenschwanz hineinlegen und mit der Sauce überschöpfen, das Fleisch soll bedeckt sein. Im auf 220 Grad vorgeheizten Ofen etwa 3 Stunden schmoren lassen. Eventuell ab und zu etwas Wasser nachgießen.

Nach etwa 2 Stunden die Karotten, Schaschlik-Zwiebeln und Selleriestücke für die Garnitur zufügen und in der Sauce garen lassen.

Vor dem Servieren das Fleisch und das Gemüse aus dem Topf nehmen. Die Sauce durch ein feines Haarsieb passieren, entfetten und abschmecken.

Die heiße Sauce auf vorgewärmte Teller verteilen, den in Scheiben geschnittenen Ochsenschwanz darauf anrichten und mit dem Gemüse umlegen.

Dazu schmeckt Kartoffel-Püree mit Röstzwiebeln einfach wunderbar.

Eckart Witzigmann –
Eine Geschichte über Qualität und eine qualitativ hochwertige Freundschaft

Georg W. Kastner

ist Hotelkaufmann und sammelte seine Erfahrungen über viele Jahre im Ausland. Für ihn wichtige Stationen waren: George V (Paris), The Dorchester (London), The New York Hilton, Palace (St. Moritz), Beau Rivage (Lausanne), Principe Savoy (Mailand) und Ritz (Madrid). 1979 gründete er mit Karl-Heinz Wolf die Firma Rungis Express, in der er mittlerweile alleiniger Geschäftsführer ist. Der Rungis Express beliefert heute die Spitzengastronomie in Portugal, Spanien, Österreich, Italien, Holland, Dänemark, Belgien, Polen, Tschechien und sogar einige ganz exclusive Hotels in den Vereinigten Arabischen Emiraten – natürlich auch in Deutschland

Gut ist leider oft das Gegenteil von gut gemeint, und die Natur hält sich nicht an Normen…
Es begab sich zu der Zeit – vor ca. 20 Jahren – als ich mit meinem Unternehmen Rungis Express selbstverständlich auch den jungen Drei-Sterne-Koch Eckart Witzigmann in seinem Münchner Restaurant *Aubergine* belieferte: Eine Ladung frischer Milchlammrücken gab den Anlass für einen kleinen Eklat – Herr Witzigmann, damals nicht nur für seine herausragende Küche, sondern auch für sein Temperament und seine enormen Qualitätsanforderungen bekannt, geriet leicht mal aus der Fassung, wenn nicht alles so war, wie er es sich vorstellte. Dann flogen Gegenstände und böse Worte. Einmal war auch ich sein Opfer und wurde fürchterlich beschimpft, dass ich es nicht geschafft hätte, den Lämmern zu sagen, sie möchten doch bitte für den großen Meister alle gleich dicke Rückenbeschichtungen aufweisen, denn nur so sei er in der Lage, sie perfekt für seine Gäste zu garen. Nach längerem Hin und Her beendete ich das Gespräch mit dem Kommentar, dies sei wahrscheinlich nur möglich, wenn er persönlich die Muttertiere Drei-Sterne-mäßig decken würde. Damit war unsere Geschäftsbeziehung zunächst mal unterbrochen.
Wochen später wollten Freunde mit mir im *Aubergine* zu Abend essen – mit gemischten Gefühlen betrat ich die „heiligen Hallen" – mehr als rausfliegen konnte ich nicht!…
Doch im Gegenteil. Souverän und großherzig wie Eckart wirklich ist, kam er zu uns, entschuldigte sich für seinen Ausbruch und bedankte sich für mein Kommen. Das war der Beginn einer wunderbaren Freundschaft! Dass wir hervorragend gegessen haben, ist bei Eckart keine Frage.
Diese Freundschaft dauert bis heute an und ist über die Jahre immer intensiver geworden. Intensiver geworden bzw. genauso intensiv geblieben ist auch Eckarts Auffassung von Qualität – so wie alle großen Männer hält er es mit dem Wahlspruch – das Beste ist gerade gut genug.
Die Qualität der Produkte, die in der Küche verwendet werden, ist das A und O eines guten Restaurants. Bei Fleisch

oder Fisch bedeutet Qualität z.B. Herkunft, Haltung, Ernährung, Verarbeitung, Lagerung und Transport. Ein Fisch, der im Netz gefischt wurde und dann drei Wochen lang per Kühlschiff über die Nordsee dümpelt, hat nicht die Qualität wie ein vor zwei Tagen geangelter, frisch auf den Tisch gebrachter Loup de Mer. Natürlich auch eine Frage des Preises, wobei ich oft erstaunt bin, wie viel Geld Menschen für Autos, Kosmetik oder Mode bereit sind auszugeben – und wie geizig sie mit sich sind, wenn es um das Wichtigste geht – ihre eigene hochwertige Ernährung – man ist was man isst! Zum Glück gibt es Menschen wie Eckart Witzigmann und viele seiner Schüler, Kollegen und Fans, für die gute Produkte Lebensqualität darstellen.

Als Chef von Rungis Express gelten für uns natürlich nur höchste Qualitätsmerkmale. Rungis Express wurde 1978 aus einer verrückten Idee bzw. einem extremen Qualitätsanspruch heraus gegründet – Karl-Heinz Wolf, ambitionierter Koch und Gastronom, beschloss, sein Schicksal selber in die Hand zu nehmen. Er fuhr damals wöchentlich mit seinem Pkw zu den legendären Rungis-Markthallen nach Paris, um all die Spitzenprodukte zu kaufen, die er aus seiner Tätigkeit als Koch in Frankreich kannte und die seinen Qualitätsanforderungen und Ideen entsprachen. Andere damals berühmte Köche und natürlich Eckart Witzigmann hörten von diesen Fahrten und baten Wolf, auch für sie Ware mitzubringen. Dass aus dieser Idee eines einzelnen Qualitätsfanatikers *die* deutsche Importfirma für erstklassige frische Lebensmittel entstehen würde, konnte damals keiner ahnen. Mangelnder Qualitätsanspruch und fehlende Bereitschaft, Geld für gute Lebensmittel auszugeben, hat leider zu vielen Krisen geführt – BSE ist nur eine davon.

Ich wünsche mir sehr, dass es mehr Menschen geben wird, die großen Köchen wie Eckart Witzigmann folgen, seine Ideen verwirklichen und vor allem seinen Qualitätsanspruch leben – simply the best!

In diesem Sinne – Happy Birthday, Ecki!

„Bei Monsieur Paul (Haeberlin) lernte ich, Wildgerichte zuzubereiten. Damals war es kein Problem, an gutes Wild zu kommen", sagt Eckart Witzigmann. In München musste er sich erst Jäger bzw. Händler suchen. Einen der Besten fand er am Viktualienmarkt: Heuwieser, der ihm oben gerade ein Prachtexemplar von Hase liefert. Heuwieser blieb er auch treu, als sich der Rungis Express etablierte, und Witzigmann nun problemlos seine Ware in Paris ordern konnte. „Jeder Händler beliefert den Kunden so, wie der es verdient", sagt Witzigmann. „Zwei Dinge müssen zusammenkommen. Erstens: Der Lieferant wie der Koch muss Qualität erkennen und schätzen. Zweitens: Jeder der beiden muss Achtung vor dem Produkt haben und darf es nicht nur als belanglose Ware ansehen. Wenn's hier passt, dann passt's auch dem Gast."

Gepökelte Ente auf Rübenkraut

Zutaten für 4 Personen

Für die Pökellake:

1 l Wasser (etwa)
50 g Salz (etwa)
50 g Pökelsalz (etwa; vom Metzger)
1 Zweig Thymian
1 kleiner Zweig Rosmarin
8 Wacholderbeeren, leicht angedrückt
20 Pfefferkörner, leicht angedrückt
2 Lorbeerblätter
4 Gewürznelken
1 TL Senfkörner

Für die Ente:

1 küchenfertige Ente von etwa 2 kg
1 Zwiebel, mit Lorbeerblatt und Nelke gespickt

Für das Rübenkraut:

1/2 l Wasser
1/2 l Rübenkrautsaft
300 g Rübenkraut (Rezept siehe rechts)
150 g kalte Butter

Für das Kartoffel-Lauch-Püree:

350 g mehlig kochende Kartoffeln, geschält
Salz
20 g Butter
frisch geriebene Muskatnuss
100 ml heiße Milch
2-3 EL Lauchpaste (Rezept siehe rechts)
1-2 EL geschlagene Sahne

Für die Pökellake das Wasser mit den Gewürzen einmal kurz aufkochen und kalt werden lassen. Die Ente in einen tiefen Steinguttopf geben und mit der Lake übergießen; sie muss völlig bedeckt sein. Die Menge von Pökelsalz, Salz und Wasser richtet sich nach der Topfgröße. Man rechnet etwa 100 g Salz auf 1 l Wasser. Die Ente 8-10 Tage im Kühlschrank zugedeckt pökeln.

Die Ente herausnehmen und für etwa 1 Stunde in kaltes Wasser legen. Die gespickte Zwiebel mit frischem Wasser aufkochen, die gewässerte Ente hineinlegen und 1 1/2 bis 2 Stunden leise köcheln lassen. Danach die Entenkeulen und -brüste ablösen und häuten. Die Brüste schräg in Scheiben schneiden.

Für das Rübenkraut Wasser und Rübenkrautsaft aufkochen, das Rübenkraut hineingeben, bei sanfter Hitze köcheln und herausnehmen. 1/4 l vom Kochfond abnehmen, kurz aufkochen und mit der Butter binden. Das Kraut hineingeben und einmal kräftig durchschwenken.

Für das Kartoffel-Lauch-Püree die Kartoffeln zerschneiden und in Salzwasser weich kochen. Sofort durch die Presse drücken, die Butter zufügen, mit Salz und Muskat würzen und die Milch darunterrühren. Die Lauchpaste in das Kartoffelpüree rühren und die geschlagene Sahne zum Schluss locker unterheben.

Das Rübenkraut und das Kartoffel-Lauch-Püree auf vorgewärmte Teller verteilen und das Fleisch darauf anrichten.

Rübenkraut:

Von weißen Rüben (Navets) Kraut und Stiele abschneiden, die Rüben gründlich waschen und mit dem Krauthobel wie Sauerkraut schneiden. Eine dünne Lage geschnittene Rüben in einen Steinguttopf geben und leicht salzen. Die nächste Lage auffüllen, wieder salzen und die Schichten sehr fest zusammendrücken. Mit dem Einschichten und Salzen fortfahren, bis der Topf fast gefüllt ist. Die Lagen immer wieder fest andrücken, zum Schluss soll der eigene Saft nach oben kommen. Den Topf mit einem frischen Leinentuch abdecken, mit einem Deckel verschließen und diesen mit einem schweren Gegenstand beschweren. Den Topf für 6-8 Wochen in einen kühlen Raum (Keller) stellen. Dabei alle 8-10 Tage das Tuch wechseln, den Topfrand säubern und etwas frisches Wasser angießen. Wenn das Kraut gut durchgezogen ist, kann man es – wie Sauerkraut – roh oder gekocht servieren.

Lauchpaste:

100 g geputzten Lauch (nur die grünen Teile) in Salzwasser relativ weich kochen, sofort in Eiswasser abschrecken und gut ausdrücken. Mit 100 g Butter pürieren und durch ein feines Sieb streichen. Mit Salz und Zitronensaft abschmecken und kalt stellen. Zugedeckt im Kühlschrank bleibt die Paste 1-2 Wochen frisch.

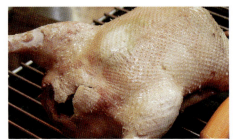

145

Pot au feu von Bresse-Tauben

Zutaten für 4 Personen

Für den Pot au feu:
*2 küchenfertige Bresse-Tauben
von je ca. 450 g
Salz, weißer Pfeffer aus der Mühle
2 Rote Beten
1 TL Kümmel
2 große Petersilienwurzeln
30 g Butter
1,2 l Tauben- oder Geflügel-
Consommé
4 Scheiben rohe Gänsestopfleber
zu je 20 g
200 g Créme fraîche
1 Bund Schnittlauch, in feine
Röllchen geschnitten*

Für die Wirsingköpfchen:
*1 Wirsingkohl, Salz
120 g Taubenlebern
30 g gekochter Schinken
80 g Weißbrotwürfel
40 ml Sahne
1 Ei
1 frischer Majoranzweig, fein
gehackt
weißer Pfeffer aus der Mühle
frisch geriebene Muskatnuss
1 kleine Zwiebel, fein gewürfelt
20 g Butter
50 ml Tauben- oder Geflügelfond*

Die Tauben innen und außen waschen, trocknen und mit Garn in Form binden. Mit Salz und Pfeffer würzen.

Die Roten Beten waschen und ungeschält in Salz-Kümmel-Wasser garen. Abgekühlt schälen und wie die geschälten Petersilienwurzeln in feine Streifen schneiden.

Für die Wirsingköpfchen vom Wirsingkohl 8 kleine schöne Blätter ablösen und in kochendem Salzwasser kurz blanchieren. In eiskaltem Wasser abschrecken. Den restlichen Wirsing anderweitig verwenden.

Die Taubenlebern und den Schinken fein würfeln und mit den Brotwürfeln vermischen. Sahne, Ei und gehackten Majoran zugeben und mit Salz, Pfeffer und Muskat würzen. Jeweils ein blanchiertes Wirsingblatt in einem kleinen Saucenschöpfer ausbreiten, etwas Brot-Leber-Füllung hineingeben, die Wirsingblätter darüber zusammendrücken und die Köpfchen auf eine Platte stürzen.

Die gewürfelte Zwiebel in der Butter andünsten, die Wirsingköpfchen daraufsetzen, mit 50 ml Tauben- oder Geflügelfond aufgießen und zugedeckt im 180 Grad heißen Ofen gar ziehen lassen.

Die Tauben nebeneinander in einen gefetteten Schmortopf legen und im auf 210 Grad vorgeheizten Ofen in 10-12 Minuten rosa braten.

Für den Pot au feu die Butter in einem großen, flachen Topf zerlassen und die Sellerie- und Rote-Bete-Streifen darin andünsten. Tauben- oder Geflügel-Consommé zugießen und 5 Minuten bei sanfter Hitze köcheln lassen.

Die Taubenbrüste auslösen, in Scheiben schneiden und mit den Keulen in 4 vorgewärmte Suppenteller geben. Je 2 Wirsingköpfchen und 1 Scheibe gebratene Gänseleber anlegen und die Suppe mit den Gemüsestreifen darübergießen. Mit etwas Crème fraîche garnieren und mit den Schnittlauchröllchen bestreuen. Die übrige Créme fraîche getrennt dazu reichen.

Rehmedaillons mit Selleriepüree

Zutaten für 4 Personen

Für die Sellerie-Chips:
1 kleine Sellerieknolle
Öl zum Ausbacken

Für das Selleriepüree:
1 Sellerieknolle von etwa 350 g
Saft von 1/2 Zitrone
Salz
30 g Butter
weißer Pfeffer aus der Mühle
frisch geriebene Muskatnuss
150 g Sahne

Für die Sauce:
1/4 l Wildfond
2 cl Cognac
1 EL Preiselbeeren
Salz, weißer Pfeffer aus der Mühle

Für die Pilze:
150 g Morcheln
1 EL fein gewürfelte Schalotten
30 g Butter
Salz, weißer Pfeffer aus der Mühle
frisch geriebene Muskatnuss
1 EL gehackte Petersilie

Für die Rehmedaillons:
2 EL Öl
20 g Butter
12 Rehmedaillons von je 60 g
Salz, weißer Pfeffer aus der Mühle

Für die Garnitur:
Wacholderbeeren, grob gehackt
Thymian, fein gehackt
schwarzer Pfeffer, grob gehackt
Meersalz
glacierte Apfelscheiben

Für die Chips den Sellerie schälen und am besten mit dem Gurkenhobel in hauchdünne Scheiben hobeln. Runde Plätzchen (Ø 4 cm) ausstechen und in heißem Öl goldgelb und knusprig ausbacken. Auf Küchenpapier abfetten lassen.

Für das Püree den Sellerie schälen, klein schneiden und mit Zitronensaft in Salzwasser weich kochen.

Inzwischen die Butter erhitzen und leicht Farbe nehmen lassen (Nussbutter). Die Selleriestücke mit einem Schaumlöffel herausheben und im Mixer fein pürieren.

Das Püree in einen Topf füllen, mit Salz, Pfeffer und Muskat würzen und bei sanfter Hitze die Sahne unter Rühren dazugießen. Zum Schluss die Nussbutter darunterrühren.

Für die Sauce den Wildfond mit Cognac und Preiselbeeren zur Hälfte einkochen, durch ein Sieb passieren und abschmecken.

Die Morcheln kurz, aber gründlich waschen und abtropfen lassen. Die Schalottenwürfel in der heißen Butter glasig dünsten, die Pilze zufügen und so lange braten, bis die Flüssigkeit verdampft ist. Mit Salz, Pfeffer und Muskat würzen und die Petersilie untermischen.

Öl mit Butter in einer Pfanne erhitzen und die Rehmedaillons darin rosa braten. Mit Salz und Pfeffer würzen, herausnehmen und warm stellen.

Rehmedaillons mit Wacholderbeeren, Thymian, Pfeffer und Meersalz bestreuen und mit dem Selleriepüree und den Morcheln auf vorgewärmten Tellern anrichten. Die Sellerie-Chips in das Püree stecken und alles mit der Sauce umgießen. Mit glacierten Apfelspalten servieren und nach Wunsch mit etwas schaumig geschlagener Sahne garnieren.

Eckart Witzigmann –
Schüler, die ihm viel Ehre machen

Manfred Kohnke

ist Chefredakteur und Mitherausgeber des 'Gault Millau'. Zuvor war er u.a. Chefredakteur von 'Rheinischer Merkur' und 'Vif' sowie stellvertretender Chefredakteur von 'Forbes' und 'Schweizer Illustrierte'. Frühere Stationen seiner beruflichen Laufbahn: Redakteur bei 'Spiegel' und 'Capital'

Witzigmann-Schüler nennen sich ein paar hundert Köche in Deutschland. Sie geben gefragt und vor allem ungefragt nur zu gern an, zwischen 1971 und 1994 an den Herden des *Tantris* oder der *Aubergine* die höheren Weihen der Kochkunst bekommen zu haben. Denn vom Ruhm des Mannes, der ein deutsches Küchenwunder wahr werden ließ, lässt sich noch heute selbst im hintersten Hintertupfingen medienwirksam zehren. Doch allzu viele sind leider bloß kulinarische Trittbrettfahrer, die für ihre Berufung auf Witzigmann nur ein barsches „Das ist nicht witzig, Mann!" verdienen.

Die Spreu der Wichtigtuer ist schnell vom Weizen der Rechtschaffenen getrennt. „Wer keine zwei Jahre bei mir war, sondern nur ein kurzes Gastspiel gab, sollte nicht mit mir angeben", sagt der „Chef", wie ihn noch immer alle ehemaligen Mitarbeiter anreden. Zur Meisterklasse dürfen sich diejenigen zählen, deren Nachnamen der Chef, der seine Köche nach allgemeinem Küchenbrauch mit Vornamen ansprach, noch erinnert. Das sind keine drei Dutzend.

Die Schüler machten die unterschiedlichsten Karrieren. Heiner Finkbeiner leitet die ererbte *Traube Tonbach*, Karlheinz Hauser die knappe Hundertschaft an Köchen im Berliner *Adlon*, Hans-Peter Wodarz die Erlebnisgastronomie von *Pomp Duck and Circumstance*. Alfons Schuhbeck reanimierte die Regionalküche, Hans-Josef Decker eröffnete eine Patissierschule, Johann Lafer popularisierte das Kochen im Fernsehen. Jörg Sackmann aus Baiersbronn und David Julita aus Mannheim kochen nun im Elternhaus, Jörg Wörther gibt Gas im Porsche-Schloss in Zell am See und Klaus Heidel beim Mercedes-Generalvertreter in Eutin.

Karl Ederer, Cosimo Ruggiero und Joe Gasser machten sich in München selbständig, Wolfgang Pade in Verden, Markus Bischoff am Tegernsee und Helmut Krausler in Landshut. In die *Schweizer Stuben* am Main zog es den Neuseeländer Roy Wallace, nach Stuttgart Armin Karrer (auf den *Fernsehturm*) und Rainer Sigg (auf den *Flughafen*), nach Dubai Viktor Stampfer (ins *Ritz-Carlton-Hotel*) und nach

San Diego Martin Woesle (ins *Mille Fleures*). Heinz Winkler und Hans Haas beerbten nacheinander den Chef mit dessen ausdrücklichem Segen im *Tantris*, Bobby Bräuer übernimmt Ende 2001 vom Düsseldorfer Küchenreformer Günter Scherrer das *Victorian*, Michel Troisgros folgte seinem weltbekannten Vater Pierre in Roanne nach. Zum Küchendirektor brachte es Harald Schmitt im Wiesbadener *Nassauer Hof*, als Küchenchefs reüssierten Christian Jürgens bei Heinz Winkler in Aschau und Thomas Martin im *Jacobs* an der Hamburger Elbchaussee sowie Roland Trettl in dem seit 1998 von Witzigmann geleiteten *Ca's Puers* in Sóller auf Mallorca.

Wer zwei Jahre bei Witzigmann durchhielt, hatte die strengsten Prüfungen im Berufsleben hinter sich und verinnerlicht, dass Große Küche ein „Teamwork ist, in dem jeder perfekt funktionieren muss". Der gelehrige Schüler galt fortan als Idealist, der sich für den Betrieb opfert. Denn „eine 40-Stunden-Woche", sagte Witzigmann mal zu *Aubergine*-Zeiten, „erreichen meine Leute spielend in drei Tagen, und wir haben fünf geöffnet. Ich bin mächtig stolz darauf, dass sie diesen Stress ertragen und immer wieder motiviert bei der Arbeit sind" – bei einem Vorarbeiter, der einst bei Paul Bocuse nach zwölf Stunden am Herd noch den Boden schrubben musste.

Unter dem Druck der höchsten Bewertungen in allen wichtigen Restaurantführern verlangte Witzigmann von seiner 14 bis 18 Köche zählenden Brigade tagtäglich kompromisslos die Höchstleistung, weil er selbst von einer Verbesserungswut bis ins letzte Detail getrieben wurde. Und das unter Arbeitsbedingungen, die Berufsfremde als unmenschlich empfanden, wenn sie beispielsweise eine Stunde nach Arbeitsbeginn um die 50 Grad Celsius maßen oder mit ansahen, wie Witzigmann nach 30 Minuten intensiven Kochens am Herd der Schweiß in Strömen übers Gesicht lief. In der nur für maximal 8 Köche konzipierten Küche, drängten sich zeitweise doppelt so viele Mitarbeiter. Weil er in dieser drangvollen Enge und lärmigen Atmosphäre auch noch

„Essen wie Gott in Deutschland" hieß Ende der 80er-Jahre eine Fernsehserie, in der die Jungstars der deutschen Küche ihre Kreationen vorstellten. Oben präsentieren sie sich mit Paul Alfons Fürst v. Metternich-Winneburg auf Schloss Johannisberg. Unten zeigen Witzigmann-Schüler, dass sie nicht auf der Leitung stehen. Darunter: die erste Aubergine-Brigade und Bernhard Thierry, Witzigmanns Küchenchef im Tantris wie in der Aubergine

Gipfeltreffen: Deutschlands Spitzenköche trafen sich auf der Zugspitze zum entspannten Bier. Ein Gipfeltreffen anderer Art war für die Köche die Hochzeit von Altbundespräsident Walter Scheel, bei der sie die Gäste aufs Eleganteste verwöhnen durften. Ruhige Gespräche und Freizeit, wie unten mit Hans Haas, waren da wohl eher selten

von „dem unglaublichen Druck" strapaziert wurde, „minütlich an jeder Kleinigkeit gemessen zu werden", konnte er in seiner ihm selbst manchmal unheimlichen Spontaneität gewaltig reagieren, wenn ihn mangelndes Engagement und Begriffsstutzigkeit entnervten. Als Fanatiker des absoluten Perfektionsstrebens, der von sich selbst „einfach alles erwartete", konnte Witzigmann niemand ertragen, der mit weniger als der höchstmöglichen Leistung zufrieden sein wollte. Hatte er mal wieder jemand spontan rausgeschmissen, was ihm hinterher menschlich immer leid tat, fand er durchweg bestätigt, dass der erste Eindruck nicht trügt. „Ob's einer hat, merk ich schon daran, wie er die Sachen anschaut. Wenn einer einen Fisch packt und gleich zu schuppen anfängt oder die Haut abzieht, dann hat er's nicht. Aber wenn einer die Zeichnung anschaut und die Farbe und die ganze Schönheit, dann hat er Respekt vor dem Produkt und eine Demut – und das ist das Wichtigste." Zweites Merkmal: „Man muss das Einfachste perfekt machen können, um in der Großen Küche erfolgreich werden zu wollen. Wer das Einfachste nicht braten kann, kann auch keinen Hummer braten." Selbst an seinen (vermeintlich) simplen Fleischpflanzerl mit Kartoffelsalat konnte Witzigmann den Unterschied zwischen Kochen und Kochkunst erklären: Er liegt „im Gefühl für die Dosis, im Fingerspitzengefühl – und das kann man leider nicht lernen". Bislang von jedem Schüler unerreicht blieb er in seiner Fähigkeit, die Freude, die ihm das Kochen macht, auch durch sinnenfrohe Lebenslust auszustrahlen. Wie der Dirigent eines großen Orchesters, der weiß, dass er ohne seine Musiker kein Maestro wäre, bot Witzigmann stets ein offenes Ohr für neuen Wohlklang. Wie kaum ein Koch seines Formats hatte er die Größe, Mitarbeiter in den Erfolg einzubeziehen. Fand er Gefallen an einem Vorschlag, nahm er ihn ins Repertoire, ohne zu vergessen, wer dazu inspiriert hatte. Als sich etwa Hans Haas auf der Suche nach veredelbaren einfachen Gerichten an das leckere Rübenkraut (mit Knödeln) seiner Oma erinnerte, grübelte der „Chef" bereitwillig mit ihm, was wohl in der *Aubergine* dazu passen könnte. Das Ergebnis kam als „Gepökelte Ente mit Rübenkraut" auf die Karte und zu Anerkennung. Der Japaner Akira Kotaki durfte die Patisserie animieren, grünen Tee einzubeziehen: Er hielt als Parfait und Mousse auf deutschen Desserttellern Einzug. Karl Ederer beeindruckte den Maestro mit seiner Begeisterung und seinem Wissen um die – mittlerweile fast selbstverständliche – Harmonie von Speis' und Wein. Und Jörg Wörther brachte Witzigmann Anfang der achtziger Jahre auf eine Idee, die anschließend gleichsam wie ein Lauffeuer durch deutsche Küchen ging. Der junge Wörther hatte vom Heimatbesuch im Salzburger Land Hirschleber mitgebracht und damit die Frage angeregt, ob man nicht die Tradition der österreichischen Beuscherl etc. in die Grande Cuisine aufnehmen könnte. Der Patron war einverstanden und ließ fortan die gefälligen Innereien eines Tieres integriert zubereiten. Das erste Gericht dieser Art schrieb er in seiner schönen Handschrift als „Das Beste vom Kaninchen" auf die Karte – und hatte damit eine der meistkopierten Küchenideen.

Die Schüler, die es verstanden, mit dem Pfund zu wuchern, das ihnen Witzigmann mitgab, machen ihm viel Ehre. Im Erscheinungsjahr dieses Buches belegen sie in der Hitliste der 100 besten deutschen Köche die Ränge 3 (Heinz Winkler), 6 (Hans Haas), 16 (Johann Lafer), 23 (Thomas Martin), 39 (Armin Karrer), 45 (Christian Jürgens), 50 (Wolfgang Pade), 56 (Jörg Sackmann), 66 (Michael Fell), 74 (Karlheinz Hauser), 87 (Alfons Schuhbeck), 94 (Klaus Heidel). Und auf Platz 1 steht natürlich auch einer, der sich den allerletzten Feinschliff in der *Aubergine* holte: Harald Wohlfahrt von der *Traube Tonbach*, der seit fast einem Jahrzehnt in allen Restaurantführern die Höchstnote und damit Witzigmanns Nachfolge erkocht hat.

Mit manchen Schülern schloss der „Chef" Freundschaft fürs Leben, einige schloss er ins Herz. Hans Haas schätzt er als „Perle von Mensch", Alfons Schuhbeck, der „mir unheimlich geholfen hat", ist „ein toller Spezi", und in Jörg Wörther könnte er sich wiedergeboren finden.

Eckart Witzigmann mit einigen seiner Schüler: Ganz oben mit Johann Lafer, darunter mit Chris Welander und Dorothea Waydsch, einer Haas-Schülerin, die gemeinsam das Ca's Xorc auf Mallorca führen. Rechts mit Markus Bischoff vom Tegernsee und unten mit Jörg Wörther und der bronzenen Schönen im Garten von Schloss Prielau

Mohnschmarrn mit Mango und Nüssen

Zutaten für 4 Personen

Für den Mohnschmarrn:

125 g Quark (20 % Fett)
65 g saure Sahne
12 g Grieß
2 Eigelb
Mark von 1/2 Vanilleschote
abgeriebene Schale von
je 1/2 Zitrone und Orange
40 g Blaumohn, frisch gemahlen
3 Eiweiß
30 g Zucker
10 g Weizenstärke
1 Prise Salz
1 EL Butter
20 g Honig
Vanillezucker und Puderzucker zum Bestreuen

Für die Nüsse:

250 g Zucker
1/2 l Wasser
100 g Glukose (Traubenzucker)
12 Macadamianüsse

Für die Mangos:

2 Mangos (am besten thailändische Früchte)
etwas ausgelöstes Vanillemark
Zitronensaft
Puderzucker

Für die Vanillesahne:

1/4 l Schlagsahne
1 Päckchen Vanillezucker

Den Quark mit saurer Sahne, Grieß, Eigelb, Vanillemark, Zitronen- und Orangenschale sowie dem Mohn verrühren und mindestens 1 Stunde ruhen lassen.

Inzwischen für die Nüsse den Zucker mit Wasser und Glukose zu dunklem Karamell kochen. Die Nüsse einzeln auf eine Nadel spießen, in den Karamell tauchen und langsam herausziehen, damit sich die Karamellfäden bilden können. Erkalten lassen und die Nadeln abziehen.

Die Mangos schälen, das Fruchtfleisch von den Kernen schneiden und in gleichmäßige Schnitze teilen. Das an den Kernen verbleibende Fleisch ablösen und mit den übrigen Abschnitten pürieren. Falls nötig, durch ein Sieb passieren, dann mit etwas Vanillemark, Zitronensaft und Puderzucker abschmecken.

Eiweiß mit Zucker, Weizenstärke und Salz zu cremigem Schnee aufschlagen. 1/3 davon unter die Quarkmasse rühren, den Rest locker unterheben.

Die Butter in einer beschichteten Pfanne erhitzen und den Honig hineingeben. Den Schmarrnteig einfüllen und für etwa 20 Minuten in den auf 190 Grad vorgeheizten Ofen stellen. Mit Vanillezucker bestreuen und kurz unter dem Grill karamellisieren. Sobald der Schmarrn goldbraun ist, mit Puderzucker bestreuen und mit zwei Gabeln in Stücke zerteilen.

Zum Anrichten die Sahne mit dem Vanillezucker schaumig aufschlagen. Die Mangoscheiben im Mangopüree wenden und zusammen mit dem Schmarrn auf vier Tellern anrichten. Mit der Vanillesahne umgießen und die Macadamianüsse anlegen.

Erdbeer-Himbeer-Dessert mit Vanilleeis

Zutaten für 4 Personen

Für das Vanilleeis:

1 Vanilleschote
1/4 l Milch
1/4 l Sahne
80 g Zucker
6 Eigelb

Für die Früchte:

500 g Erdbeeren
250 g Himbeeren
Puderzucker
Zitronensaft
50 ml Champagner
2 cl Grand Marnier

Außerdem:

Puderzucker zum Bestäuben
zartes Hippengebäck zum Garnieren

Für das Vanilleeis die Vanilleschote der Länge nach aufschlitzen, das Mark herauslösen und zusammen mit der leeren Schote in die Milch geben. Die Sahne und die Hälfte des Zuckers zufügen und alles aufkochen.

Eigelb mit dem übrigen Zucker cremig schlagen. Die Eigelbmasse in die Milch gießen und zur Rose abziehen. Dazu die Masse unter ständigem Rühren vorsichtig erhitzen, bis sie leicht dicklich auf dem Kochlöffel liegen bleibt. Durch ein Sieb passieren und auf Eis kalt stellen. Die abgekühlte Creme in die Eismaschine füllen und gefrieren lassen.

Die Beeren nur kurz waschen, sehr gut trockentupfen und die Stielansätze entfernen. Etwa 200 g Erdbeeren mit Puderzucker und Zitronensaft (je nach Geschmack) sowie dem Champagner und Grand Marnier mixen und durch ein Sieb passieren.

Die übrigen Erdbeeren je nach Größe halbieren oder vierteln und zusammen mit den Himbeeren in der Erdbeersauce marinieren.

Die Beerenmischung in vier Tellern oder Schalen anrichten und hauchdünn mit Puderzucker bestäuben. Das Vanilleeis mit dem Spooner portionieren, auf die Beeren setzen und mit Hippengebäck garniert servieren.

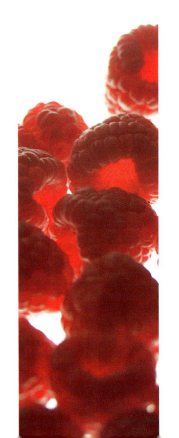

Orangen-Schoko-Mousse mit Birne

Zutaten für 4 Personen

Für die Mousse:

2 Eigelb
100 g Valrhona-Milchkuvertüre mit Orangenaroma
(ersatzweise Vollmilchkuvertüre plus 1 Schuss Grand Marnier)
25 g Valrhona-Caraïbe oder andere Zartbitterkuvertüre
5 TL Orangensaft, frisch gepresst
1 EL Orangenlikör
abgeriebene Schale von 1/2 Orange
1 Blatt Gelatine, eingeweicht
300 g Sahne, leicht geschlagen
Schokoladenspäne

Für die geschmorten Birnen:

200 g Zucker
0,2 l Weißwein
100 g Butter
4 Birnen mit Stiel, geschält
100 ml Orangensaft
1 Zitrone, in Scheiben geschnitten
Mark von 1 Vanilleschote
1 Zimtstange
2 Nelken
je 1 EL schmale Streifen von unbehandelter Orangen- und Zitronenschale
1 kleines Lorbeerblatt
3-4 EL Birnengeist

Eigelb in einer Schüssel im Wasserbad schaumig schlagen und vom Herd nehmen.

Beide Kuvertüren in einem Wasserbad schmelzen lassen und unter den Eischaum rühren. Orangensaft mit -likör und -schale zufügen. Die Gelatine auflösen und unter die Creme rühren. Ein Drittel der leicht geschlagenen Sahne mit einem Schneebesen unterrühren. Den Rest behutsam darunterheben. Die Mousse zugedeckt für mindestens 2 Stunden kalt stellen.

Für die Birnen den Zucker mit Weißwein in einer Kupferkasserolle so lange einkochen, bis ein sehr heller Karamell entsteht. Die Butter in Stückchen darunterrühren. Die Birnen einlegen, Orangensaft, Zitronenscheiben, Vanille, Zimt, Nelken, Orangen- und Zitronenschalen sowie das Lorbeerblatt zufügen. In den auf 160 Grad vorgeheizten Ofen stellen und die Birnen in 20-30 Minuten schmoren, bis sie weich sind. Dabei immer wieder mit dem Karamell übergießen. Erst zum Schluss mit Birnengeist beträufeln.

Die Orangen-Schoko-Mousse auf Teller verteilen, jeweils 1 Birne darauf setzen und feine Schokoladenspäne anlegen.

Hinweis:

Nach Wunsch können Sie dieses feine Dessert zusätzlich mit Schokokaramellblättern, Vanilleeis, in Streifen geschnittener, blanchierter und in Grenadinesirup eingelegter Orangenschale sowie winzigen Tropfen vom Grenadinesirup garnieren.

Rhabarber-Tartes

Zutaten für 4 Personen

Für die Böden:

150 g Blätterteig
etwa 2 EL Aprikosenkonfitüre

Für den Rhabarber:

600 g Erdbeerrhabarber (junger, roter Rhabarber)
1 Vanilleschote
1 Stange Zimt
1-2 sehr dünne Scheiben Ingwerwurzel
100 g tiefgekühlte Himbeeren
50 ml Wasser
200 g Zucker
2 TL Speisestärke
125 g Walderdbeeren

Für die Souffliermasse:

130 ml Milch
2 Eigelb
40 g Vanillepuddingpulver
130 ml Sahne
abgeriebene Schale von 1/2 unbehandelten Zitrone
250 g Quark
130 g Eiweiß
1 Prise Salz
90 g Zucker

Außerdem:

Puderzucker zum Bestäuben
schaumig aufgeschlagene Sahne

Den Blätterteig 3 mm dick ausrollen, zu runden Tartes (Ø etwa 10 cm) ausstechen und auf einem angefeuchteten Blech auf der Mittelschiene des auf 200 Grad vorgeheizten Ofens goldbraun backen. Die Aprikosenkonfitüre unter Rühren erwärmen, die noch heißen Tartes damit bestreichen und auf einem Gitter abkühlen lassen.

Den nicht geschälten Rhabarber waschen und in 2-3 cm lange Stücke schneiden. Diese mit der aufgeschnittenen Vanilleschote, der Zimtstange, dem Ingwer und den tiefgekühlten Himbeeren in eine flache Pfanne mit ofenfesten Griffen geben. Das Wasser mit Zucker zu hellem Karamell kochen und über die Rhabarbermischung gießen, wo er schnell fest wird. Die Pfanne mit Alufolie oder einem Deckel verschließen und in den auf 200 Grad vorgeheizten Ofen stellen. Den Rhabarber in 15-20 Minuten – je nach Dicke der Stücke – garen; sie dürfen nicht zerfallen. Im eigenen Saft abkühlen, dann abtropfen lassen.

Etwas Rhabarbersaft abnehmen, mit kalt angerührter Speisestärke leicht andicken, abkühlen lassen und die Walderdbeeren hineingeben.

Für die Souffliermasse etwas von der Milch mit Eigelb und Puddingpulver verrühren. Die restliche Milch mit der Sahne und der abgeriebenen Zitronenschale aufkochen und in die vorbereitete Milchmischung rühren. Wieder auf den Herd stellen und unter Rühren einmal aufkochen lassen. Neben dem Herd den Quark einarbeiten und unter weiterem Rühren nochmals aufkochen lassen. Danach die Masse durch ein Sieb streichen.

Den Rhabarber auf die Blätterteig-Tartes legen und dabei etwas Rhabarber zum Garnieren zurücklassen.

Eiweiß mit Salz und Zucker aufschlagen, unter die noch warme Creme heben und die Masse sofort mit einem Spritzbeutel auf den Rhabarber dressieren. Unter dem vorgeheizten Salamander oder Grill gratinieren, bis die Masse ganz leicht Farbe nimmt. Die Tartes auf Tellern anrichten, dünn mit Puderzucker bestäuben und die Walderdbeeren samt dem übrigen Rhabarber drumherum verteilen. Mit etwas schaumiger Sahne umgießen und sofort servieren.

Eckart Witzigmann –
Ein Genie der Transformation

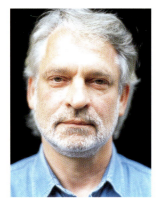

Hans Heinrich Ziemann

ist Journalist und Schriftsteller, zur Zeit stellvertretender Chefredakteur des Reisemagazins 'GEO-Saison' in Hamburg. Seit 1976 schreibt er für das Vierteljahresmagazin 'Gourmet' über Große Küche und Große Weine

Wenn ich einmal Schiffbruch erleide, dann bitte nicht mit Blond, Braun, Rot, sondern mit Eckart Witzigmann. Was täte es dann, dass die Insel kahl wäre, nichts zu essen weit und breit, am Strand nur angeschwemmter Schrott: vertrocknete Kokosnuss, gebleichte Krebsschalen, ein halbes Albatrosskelett und Captain Ahabs Holzbein. Witzigmann würde alles einsammeln, und im Nu wäre ein Wahnsinnsmenü fertig. Dass damit das Überleben gesichert ist: Nebensache. Gesichert ist das Leben; das fängt für Witzigmann erst da an, wo es Geschmack hat.

Sein Leben ist es, die Welt mit der Schönheit seiner Geschmackserzeugnisse zu bereichern. Gewiß, er kocht auch, weil es ihm Spaß macht. Aber er hat ja keine Wahl. Er muss kochen, so wie ein wahrer Komponist komponieren, ein wahrer Maler malen und ein jeder Mensch atmen muss. Dieser Instinkt, mit dem er gesegnet ist wie nur wenige seiner Kollegen, verleiht ihm eine magische Macht über die Produkte. Vom unscheinbaren Gemüse – er ist ein Gemüsefan – bis zum edlen Hummer öffnen sie sich ihm mit all ihren Vorzügen und unentdeckten Möglichkeiten. Sie wissen: Er versteht sie, er liebt sie, er nimmt sie ernst.

Ein Bild, das sich mir eingeprägt hat: In der engen, höllenheißen Küche der *Aubergine* erscheint ein Fischer. Er bringt einen glänzenden Saibling, ein prachtvolles Tier. Witzigmann nimmt ihn auf die Hände, als nähme er ihn in den Arm. Die Hektik um ihn herum ist vergessen. Seine Nasenflügel vibrieren. Fisch und Koch tauschen ihre Energien aus. Es ist zu sehen, wie er denkt: All das, was du bist, das Klare, Kühle, Kraftvolle, Zartfleischige, werde ich auf den Teller bringen. So geschah es (mit frischen Kräutern).

Kochen heißt: verwandeln. Das gängige Gerede vom „Naturgeschmack" führt in die Irre. Was erhitzt, geräuchert, mariniert wird, ist nicht mehr Natur. Die Kunst des Kochs ist es, in Zubereitung und Kombination die Versprechen des Rohprodukts – Aroma, Geschmack, Textur, Struktur – einzulösen. Und die Assoziationen, die es in uns weckt. Der Anblick eines Loup de Mer schmeckt nach Meer, er selbst im Rohzustand nicht. Mit Witzigmanns Loup in der Salzkruste taucht man in alle Geheimnisse der See. Er ist ein Genie der Transformation. Seine Pilze entführen in den Herbstwald, seine Käsespätzle an den Kamin der Almhütte im Schnee, jene Gerichte, die von der Klassik inspiriert sind, in die Pariser Belle Époque, als Wohlgeschmack, Völlerei, Erotik, Konversation zu einer Apotheose des Genusses verschmolzen.

Keiner kocht sinnlicher als Witzigmann. Noch seine diffizilsten Rezepte sind so unmittelbar verlockend, wecken einen so hemmungslosen Appetit, wie man es sonst eher aus der bodenständigen Küche kennt, von den Gulaschs und Linsensuppen der Kindheit. Das Urverlangen nach mundfüllendem, tief befriedigendem Geschmack ist das Leitmotiv all seiner Gerichte. Lange bevor ahnungslose Trend-Erfinder die rustikale Kost gegen die Nouvelle cuisine auszuspielen versuchten, war bei Witzigmann die Grenze zwischen E- und U-Küche aufgehoben. Spanferkel, Aal, Topfenknödel standen gleichberechtigt neben Gänseleber und Turbot auf der Karte. Unvergessen die spontanen Zwischengängchen, mit denen der Chef seine Gäste an die Ursprünge erinnerte: ein Mini-Fleischpflanzerl, ein Teelöffelchen Kartoffelsalat (und was für einer!).

Keiner kocht generöser als Witzigmann. Hätte sein Talent ihn nicht zum begnadeten Cuisinier bestimmt, er wäre ein idealer Wirt geworden. Nur die besten Produkte, nie abgehobene Kunststückchen zur Selbstdarstellung, immer nur das größtmögliche Glück der Bekochten im Auge. „Maßarbeit am Gast" nennt er das. Und machte damit, gegen den dummen Begriff „Gourmettempel", sein Restaurant zu einem Ort, wo man sich so wohl fühlte wie in einem österreichischen Landgasthof.

Keiner kocht ideenreicher als Witzigmann. Er ist ein besessener Sucher. Selbst das perfekteste Gericht bringt seinen Geschmacksgeist nicht zur Ruhe, treibt ihn sogleich zu Variationen. In der *Aubergine* aß man das Blanquette de veau vom Dienstag schon am Donnerstag ganz anders und am

Nichts gegen Hummer, Kaviar und Gänseleber. Aber an einem lauschigen Plätzchen in Gottes freier Natur ist eine rustikale Brotzeit mit guter Wurst und kräftigem Speck auch etwas Wunderbares. „Aber immer darauf achten, das der Champagner schön kühl ist! Dann kann man in Ruhe entspannen." Zum Päuschen rät er auch Hobbyköchen: „5 Minuten Ruhe, bevor die Gäste eintreffen, dann kann's ruhig spät werden."

Fischmarkt auf der Insel. In diesem Fall auf Mallorca, wo Eckart Witzigmann jeden Monat etwa 2 Wochen arbeitet. An seine erste Begegnung mit diesen Muscheln erinnert er sich genau: „Die leben nur dort, solche habe ich vorher noch nicht gesehen. Sie waren unglaublich intensiv im Geschmack, allerdings auch extrem festfleischig."

Der Münchner Maler Maximilian Seitz und Eckart Witzigmann pflegen zwei gemeinsame Lieben: die zur Kunst und die zur guten Küche. Da passiert es nicht selten, dass der Eckart für den Maximilian kocht und sich der Maximilian beim Eckart mit einem Bild bedankt

Samstag wiederum wie neu. Ein Alptraum für Foodfotografen: Für die Aufnahmen am folgenden Tag war alles genauestens besprochen, dann klingelte abends das Telefon. Witzigmann: „Ich habe da noch ein paar Ideen..."
Witzigmann kann alles, und was er nicht kann – zum Beispiel Minimalismus –, will er nicht können. Bei einer Zeitreise würde er am Schlemmerhofe Louis XIV. eine ebenso glänzende Figur machen wie im Londoner *Savoy* des Auguste Escoffier, er wäre als Pâtissier von Kaiser Franz-Joseph geadelt und im Paris der Nouvelle cuisine von den Kritikern in den Himmel gehoben worden.

Nicht nur wegen der Meisterschaft in allen Bereichen seines Berufs – die er sich mit ungeheurer Disziplin und nie endender Lernarbeit erworben hat – vergleiche ich ihn ohne Vorbehalt mit einem anderen großen Künstler des 20. Jahrhunderts. Wie Pablo Picasso hat Eckart Witzigmann in seiner Kunst eine Souveränität erreicht, die es ihm erlaubt, mit seinen Werken in wunderbarer Freiheit die Lust am Leben zu feiern. Leider, leider kann man sie nicht rahmen, es ist ihr Schicksal, durch den Genuß zu verschwinden.

Es war ein schwarzer Tag, als die *Aubergine* für immer schloss. Was wir damit verloren, erlebten wir noch einmal bei einem Mittagessen. Da trug Witzigmann einen Bräter mit säuberlich plazierten kleine Canards ins Restaurant, durchgeschmort, schwarzbraun wie die Haselnuß, und im heißen dunklen Fond roch man schon die Sauce. Keine Gewürze, keine Tricks, nur durchgebratene Enten – bessere habe ich nie gegessen. Witzigmann steht nicht nur mit den Produkten, sondern auch mit dem Ofen im Bunde.

Vorüber, vorbei. Jetzt muss man nach Mallorca fahren. Oder auf das Schiff warten, das den Meister zufällig an Bord hat und vor der einsamen Insel strandet. Ich sehe ihn vor mir: Da steht er vor uns Geretteten, die das Dreisterne-Menü aus Kokosnuß und Krebspanzer und Vogelknochen und Captain Ahabs Holzbein und vielleicht noch ein paar von freundlichen Möven abgeworfenen Algen bewundern. Er hat ein Glas Champagner in der Hand, weiß der Teufel, wie er den an Land gebracht hat – Witzigmann ohne Champagner ist wie München ohne *Aubergine* –, und er ruft: „Nun esst endlich, Kinder, ihr müsst essen!"

Eckart Witzigmann –
Was mir im Leben wichtig ist

Solange ich für irgendetwas geehrt, gefeiert oder ausgezeichnet wurde, hat man mich gefragt, was das Wichtigste für mich sei. Als sei ich ein Wesen vom anderen Stern! Viele Dinge sind wichtig, für jeden von uns. Für mich persönlich kann ich sie in drei Punkten raffen: GUT ESSEN – GUT TRINKEN – LIEBE MENSCHEN, DIE ES MIT MIR TEILEN. Wer gut essen und trinken kann, ist gesund, gehört nicht zu den Armen und kann genießen. Wer dann noch die richtigen Begleiter – Partner, Familie, Freunde – in seinem Umfeld hat, der ist wirklich reich. Der kann sich glücklich schätzen!

Privat wird man als Koch leider nicht oft eingeladen; jeder meint, nicht gut genug kochen zu können. Dabei liebe ich die ehrlichen, einfachen Dinge. Ein knusprig-saftiges Backhendl gehört zu meinen echten Leibspeisen oder ein richtiges Gulasch oder Fleischpflanzerl. Das kann doch jeder, der gern kocht und isst – oder?!

Zugegebenermaßen wurde ich durch meinen Beruf getränkemäßig schon mehr verwöhnt als viele andere. Wie gern denke ich an die herrlichen Weinproben. Wunderbare Flaschen der größten Weingüter, der besten Jahrgänge und Lagen durfte ich verkosten! Unvergessen die Probe mit Michael Broadbent, Hans-Peter Frericks, Hardy Rodenstock und Ralf Frenzel

In meinem Leben hatte ich viel Glück. Ich durfte große und wunderbare Menschen kennenlernen und konnte mit vielen von Ihnen Freundschaft schließen. Sie alle aufzuzählen, ist leider nicht möglich – man möge mir verzeihen. Aber einer ist mir privat wie beruflich so verbunden, dass er stellvertretend genannt werden soll: mein guter Freund, der große Koch Henry Levy

Eckart Witzigmann –
Ehrungen für ein großes Lebenswerk

Eckart Witzigmanns Fülle an Pokalen und Orden, Medaillen und Diplomen, Ehrungen und Auszeichnungen aufzählen zu wollen, ist an dieser Stelle schlicht unmöglich. Darum hier nur eine kleine (unvollständige) Auswahl, wobei einige Ehrungen nur selten verliehen werden und darum für ihn von ganz besonderer Bedeutung sind:

Am 19. November 1979 erhält Witzigmann den dritten Michelin-Stern für die *Aubergine*, die damit das erste und einzige Drei-Sterne-Restaurants Deutschlands war.

Am 16. Juli 1991 reiste der französische Botschafter Serge Boidevaix (initiiert durch den französischen Kulturminister Jack Lang) nach München, um Eckart Witzigmann in seiner *Aubergine* für seine kulinarischen Leistungen und sein Engagement für die französische Kochkunst in Deutschland den Orden „Chevalier des Arts et des Lettres" zu verleihen.

Am 14. März 1994 ernennt Gault Millau weltweit nun zum vierten Mal einen Menschen zum „Koch des Jahrhunderts": Eckart Witzigmann.

Am 26. Oktober 1999 wird Eckart Witzigmann in die „Hall of Fame des Grandes Chefes" aufgenommen.

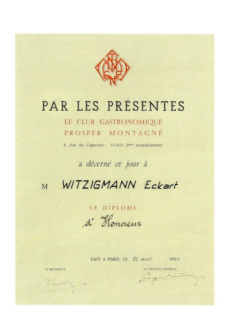

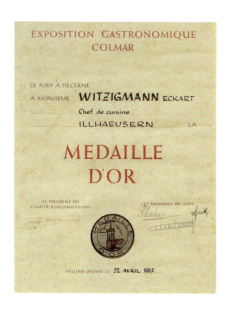

Bereits 1965 erkochte sich Witzigmann beim großen kulinarischen Wettbewerb in Colmar die Goldmedaille samt Pokal. Mit dem im Rucksack, radelte er nach Ettlingen, um mit den Freunden vom Erbprinz zwei Tage lang zu feiern

Der Bundespräsident   Bonn, den 29. Mai 1978

Herrn
Eckart Witzigmann
"Tantris"
Johann-Fichte-Straße 7
8000   München 40

Sehr geehrter Herr Witzigmann,

    nachdem der Staatsbesuch der Königin von England beendet ist, möchte ich nicht versäumen, Ihnen für die Vor- und Zubereitung des Essens für die Königin am 22. Mai herzlich zu danken. Die aussergewöhnliche Qualität der Speisen und die Zusammensetzung des Menüs haben zu Beginn des Staatsbesuchs ganz ohne Zweifel zu einer guten und freundlichen Stimmung der Gäste beigetragen, die im übrigen aus ihrem Lob für Ihre Küche keinen Hehl gemacht haben. Es wurde auch als besonders sympathisch empfunden, dass unter Ihrer Leitung mehrere jüngere Kollegen Ihres Fachs an der Arbeit beteiligt waren. Ich bitte Sie, meinen Dank auch diesen Berufskollegen zu übermitteln, für die die Gelegenheit, für die englische Königin zu kochen, sicherlich ein erinnerungswürdiges Ereignis in ihrer Berufskarriere bleiben wird.

    Mit freundlichen Grüssen

Walter Scheel

Die deutschen Bundespräsidenten Walter Scheel und Richard von Weizsäcker baten Eckart Witzigmann häufiger in die Villa Hammerschmidt. Österreichs Bundeskanzler Franz Vranitzky überreicht ihm in Wien die Trophée Gourmet '91

Österreich ehrt Witzigmann mit dem Jubiläumsabzeichen der Bruderschaft von St. Christoph am Arlberg (oben); seine Heimatgemeinde Badgastein verleiht ihm die Ehrenbürgernadel in Gold

Nach dem Michelin verlieh auch die bayerische Polizei dem großen Koch drei Sterne (rechts), überreicht durch Polizeipräsident Dr. Manfred Schreiber. Die Landeshauptstadt ehrte ihn mit der Medaille „München leuchtet"

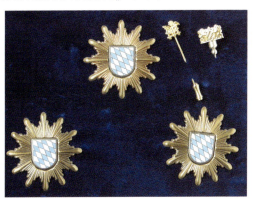

Der vierte Stern – Frankreich ehrt den in Deutschland kochenden Österreicher Eckart Witzigmann mit dem nur selten vergebenen Orden „Chevalier des Arts et des Lettres", dem höchsten französischen Kulturorden

Brief und Siegel auf das deutsche Küchenwunder – 1978 wird Eckart Witzigmann zum „Koch des Jahres in der Bundesrepublik Deutschland" gewählt

'Ullsteins Gourmet Journal' huldigt Eckart Witzigmann mit der „Silbernen Eule". Die Aubergine wurde mit der Plakette „L'Art de Vivre-Restaurant" und vielen weiteren ausgezeichnet. Bereits 1988 ehrte der Salzburger Landeshauptmann Eckart Witzigmann mit einer Kristallvase

Klaus Besser, überreicht Eckart Witzigmann am 25. Mai 1975 die „Goldene Pfeffermühle", den derzeit höchsten Restaurant-Kritiker-Preis

Die Crème de la crème – die Auszeichnung „Koch des Jahrhunderts" wurde weltweit nur viermal vergeben: neben Eckart Witzigmann an Paul Bocuse, Frédy Girardet und Roël Robuchon. Auszeichnung und Feier fanden in Münchens Tantris statt

1999 hält Witzigmann Einzug in die „International Hall of Fame des Grandes Chefes". Seine Hände, gegossen in Bronze, umfassen eine Kugel, die, wie auch der Sockel, vom Haus Swarovski in edlem Kristall gearbeitet wurde

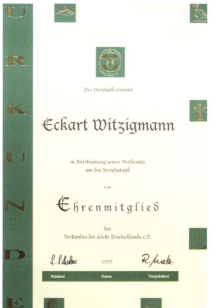

Willkommen im Club – der Verband der Köche Deutschlands ernennt Eckart Witzigmann 1997 zum Ehrenmitglied

Amerika setzt noch einen Stern drauf – die AMERICAN ACADEMY OF HOSPITALITY SCIENCES würdigt Eckart Witzigmann mit dem Five Star Diamond Award

Eckart Witzigmann –
Auf zu neuen Ufern

Nieselregen auf dem Münchner Viktualienmarkt. Eckart Witzigmann zieht eine Baskenmütze aus dem Trenchcoat und betrachtet fasziniert einen mächtigen Thunfisch, der im Anschnitt dunkelrot leuchtet. Der Fischhändler leert draußen gerade einen Eimer und erkennt seinen alten Kunden. „Was machst du bei diesem Wetter hier oben?" spricht er Witzigmann an, „ich denk', du bist unten auf Mallorca." „Nein, dahin geht's erst nächste Woche. Zwischendurch muss ich immer wieder in München sein. Mein Buch soll fertig werden, und die Süddeutsche braucht auch neue Rezepte."

Nach dem Verkauf der *Aubergine* bleibt München der Hauptwohnsitz von Eckart Witzigmann. Aber er ist nicht mehr an den Herd gebunden. Die neuen Aufgaben, die er jetzt anpackt, führen ihn in ferne Länder und fremde Kulturen. Für einen opulenten Bildband über den Reis, der von der Gastronomischen Akademie Deutschland GAD mit der „Goldenen Feder" ausgezeichnet wurde, flog er mit Christian Teubner nach Thailand. Wie bei seinem ersten Besuch in Asien ist er fasziniert vom Angebot und der herrlichen Präsentation der Lebensmittel. Er badet in den Farben und Aromen des schwimmenden Marktes in Bangkok. Die einheimischen Köche und Hausfrauen beneidet er um den Reichtum an Muscheln, Krabben und Krebsen, die paradiesische Vielfalt von voll ausgereiften Früchten und Gemüsen und den Überfluss an frischen, intensiv duftenden Kräutern und Gewürzen.

In einem der führenden Restaurants rührt er mit einer thailändischen Köchin Curry-Paste. Er lernt, dass diese große Küche Asiens Gewürze nicht nur aus kulinarischen Gründen verwendet: „Viele dieser scharfen Gewürze haben konservierende Wirkungen, was ja bei dem Klima nicht unwichtig ist; einige werden sogar als Heilmittel eingesetzt." Für eine Kürbissuppe verwenden die Köche die Schale als Terrine. Mit Geduld und Geschick schnitzen sie prächtige Ornamente in den vergänglichen Suppentopf. Witzigmanns

(Schülern von Witzigmann und Haas). Hier steht Eckart Witzigmann nicht nur als kulinarischer Patron für höchste Qualität von Küche und Keller, hier veranstaltet er in der Vor- und Nachsaison seine Kochkurse (in Absprache!). Ein drittes Haus kommt noch dazu, das exklusive 5-Sterne-Hotel *Sa Talaia* über den Felsen von Port de Sóller.

Auf Mallorca blüht der Sinnenmensch Eckart Witzigmann auf. Er erkundet die Insel mit Nase und Gaumen. Hier kann er aus dem Vollen schöpfen: Der Duft von Orangen- und Mandelblüten inspiriert ihn ebenso wie die üppigen Zitrusfrüchte und wilden Kräuter. „Thymian, Fenchel und Lorbeer wachsen hier an den kargsten Flecken. Die duften dermaßen intensiv, dass man die Stellen mit geschlossenen Augen findet. Und habt ihr schon mal Artischocken oder wilden Spargel gesammelt? Unglaublich, sag ich euch!"

In der Markthalle von Palma gerät er ins Schwärmen; gerade die Krustentiere faszinieren ihn. Doch er liebt auch die einfachen Produkte: Hülsenfrüchte, süße Zwiebeln, jungen Knoblauch, natürlich Oliven und ihr Öl und erst die Spanferkel und die Lämmer!

Anfangs wollte Witzigmann die Karte rustikaler, ländlicher gestalten. Doch schnell merkte er: „Die Ansprüche sind hier so hoch wie in München. Das *Ca's Puers* ist Deutschland, nicht Mallorca." Deshalb kommt er auch mit seinem Spanisch nicht so voran, wie er es gern möchte. Obwohl er leicht Sprachen lernt – man spricht hier zu viel Deutsch.

Mallorca, wie es nur wenige kennen. Fernab von jeder Hektik ruht die idyllische alte Ölmühle Ca's Xorc (Bilder oben) inmitten von Oliven- und Orangenbäumen. Und auch das Ca's Puers, obwohl im Zentrum von Sóller gelegen, ist mit seinem paradiesischen Garten eine Oase. Zwei Plätze, um die Seele baumeln und sich rundherum verwöhnen zu lassen

Melonensalat mit Kaisergranat

Zutaten für 4 Personen

Für den Melonensalat:

1 rote Zwiebel, geschält
1 TL Butter
150 ml roter Portwein
Salz
1/2 Wassermelone
1 Honigmelone
2 EL Rotweinessig
4 EL Olivenöl
2 EL Geflügelfond
weißer Pfeffer aus der Mühle

Für die Wan-Tan-Röllchen:

100 g Wassermelone, in ganz feine Würfel geschnitten
60 g Scamorza (geräucherter Mozzarella), in ganz feine Würfel geschnitten
75 g getrocknetes Tomatenfilet, in feine Würfel geschnitten
50 g frische Tomaten, in feine Würfel geschnitten
1 TL Pesto
Salz, weißer Pfeffer aus der Mühle
8-12 Wan-Tan-Blätter
1 Eigelb
Öl zum Ausbacken

Für die Orangen-Vinaigrette:

Saft von 2 Orangen, Salz
1 EL Olivenöl

Für den Kaisergranat:

12 ungeschälte Kaisergranate, vom Kopf getrennt
Olivenöl zum Braten
Salz, weißer Pfeffer aus der Mühle
Zitronensaft

Für den Melonensalat die geschälte Zwiebel längs in Streifen schneiden und in der Butter glasig braten. Mit Portwein ablöschen, leicht salzen und die Flüssigkeit reduzieren.

Die Melonen halbieren und die Kerne sowie das faserige Kernfleisch entfernen. Das Fruchtfleisch teilweise in dünne Scheiben schneiden, teilweise zu Kugeln ausstechen.

Rotweinessig mit Olivenöl und Geflügelfond verrühren, mit Salz und Pfeffer kräftig abschmecken und mit den Melonenkugeln locker unter die Zwiebeln mischen.

Für die Wan-Tan-Röllchen das Melonenfleisch, die Scamorza-Würfel und die Tomaten miteinander vermischen und mit Pesto, Salz und Pfeffer pikant abschmecken. Die Ränder der Wan-Tan-Blätter mit verquirltem Eigelb bestreichen. Die Füllung daraufgeben, die Blätter jeweils zur Rolle formen und die Ränder andrücken.

Die Wan-Tan-Röllchen im heißen Fett bei 180 Grad goldgelb ausbacken und abfetten lassen.

Für die Orangen-Vinaigrette den Orangensaft zu Hälfte einkochen lassen, salzen und das Olivenöl darunterschlagen.

Die Kaisergranatschwänze samt der Schale längs halbieren. Die Darmfäden entfernen, die Kaisergranate in Olivenöl scharf anbraten und mit Salz, Pfeffer und Zitronensaft würzen.

Kaisergranat und Melonensalat samt den Melonenscheiben in den zu Schiffchen geschnittenen Melonenschalen anrichten. Die Wan-Tans anlegen, alles mit der Orangen-Vinaigrette umgießen und nach Wunsch mit Kräutern garnieren.

175

Gazpacho-Gelee mit Octopus

Zutaten für 4 Personen

Für den Octopus:

1 kg küchenfertiger Octopus
1 weiße Zwiebel, geschält und geviertelt
2 Knoblauchzehen, geschält
1 Lorbeerblatt
10 weiße Pfefferkörner
3-4 Weißweinkorken
Salz

Für das Gazpacho-Gelee:

550 g Salatgurke, geschält
300 g gelbe Paprikaschoten, entkernt
200 g rote Paprikaschoten, entkernt
500 g vollreife Tomaten
1 Knoblauchzehe, geschält
90 ml weißer Aceto Balsamico
2 EL Gin

12 g Basilikumblätter
weiße Gelatine
Salz, weißer Pfeffer aus der Mühle

Für das Gemüse:

1 rote Paprikaschote, geschält
1 gelbe Paprikaschote, geschält
1 Fleischtomate
1/2 Salatgurke, geschält, Salz

Für die Garnitur:

Gurkenschale, in hauchdünne, lange Streifen geschnitten
Basilikumblättchen
Rucolablättchen
2-3 EL Naturjoghurt, leicht aufgeschlagen

Den Octopus mit Zwiebel, Knoblauchzehen, Lorbeerblatt, Pfefferkörnern und den Weißweinkorken in einen Topf geben. (Die Korken sorgen dafür, dass der Octopus schön zart wird.) So viel kaltes Wasser zugeben, dass der Octopus gerade bedeckt ist. Das Wasser salzen, zum Kochen bringen, den Octopus weich kochen und dann abkühlen lassen.

Für das Gazpacho-Gelee das Gemüse grob zerschneiden und mit Knoblauch, Aceto Balsamico, Gin und Basilikumblättchen aufmixen. In ein feines Passiertuch geben, dieses in ein Sieb legen, so dass die Flüssigkeit aus dem Tuch ausrinnen kann. Etwa 5 Stunden lang abtropfen lassen.

Den Fond auspressen und pro 1/2 Liter Flüssigkeit 3 Blatt eingeweichte Gelatine auflösen. Dafür einen Teil des Gemüsefonds erhitzen und die ausgedrückte Gelatine darin unter leichtem Rühren lösen. Diese Mischung mit Salz und Pfeffer pikant abschmecken, in eine Schüssel geben, auf Eis stellen und gelieren lassen.

Für das Gemüse die vorbereiteten Paprikaschoten in dünne Streifen und die Fleischtomate in Scheiben schneiden. Die geschälte Gurke längs mit dem Sparschäler in Streifen schneiden und alles leicht salzen.

Den Octopus in Stücke schneiden und zusammen mit dem Gemüse in tiefen Tellern anrichten. Mit dem Gazpacho-Gelee auffüllen und mit Gurkenschalenstreifen, Rucola und Basilikum garnieren. Den schaumig aufgeschlagenen Naturjoghurt in kleinen Klecksen daraufsetzen.

Eckart Witzigmann -
Eckart, pick me (endlich) up!

Charles Schumann

gehört einfach zu München. Vor fast genau 20 Jahren eröffnete er in der Maximilianstraße seine Schumann's American Bar und schuf damit eine Institution. Seit 20 Jahren hat sich hier nichts verändert, nicht die Qualität der Drinks, nicht seine legendäre Mama-Küche – der Chef kocht selbst – und nicht die Atmosphäre. Die Stammgäste wissen es zu schätzen. Etwas Neues gibt es doch seit 2001: Die Schumann's TagesBar in der Maffeistr.

„Fotografieren – jetzt? Nein, keine Zeit!" grantelt Charles Schumann – so, wie er's gerne tut. Doch seine schalkhaft blitzenden, aquamarinblauen Augen sagen etwas anderes. „Klar, für den Eckart machen wir was ganz Spezielles. Champagner muss drin sein, und was Starkes auch – schließlich ist er jetzt ja alt genug!" Doch zuerst gibt's mal Champagner pur, den nehmen die beiden auf der Terrasse. Da sitzen sie in der späten Nachmittagssonne, blödeln ein bisschen, und eh man sich's versieht, wird gefachsimpelt. Über Küche und Bar, Drinks und Rezepte. Keine Frage, da sitzen zwei, die ihre Arbeit nicht nur ernst nehmen, sondern sie lieben. Und darum eben die Besten sind – jeder für sich und jeder auf seinem Gebiet!

Eckart-pick-me-endlich-up

Zutaten für 1 Drink
2 cl Spanischer Brandy (Le Panto)
2 cl Campari
2 cl Vermouth rosso
Eiswürfel
2 cl Champagner
1 Stückchen Limettenschale
1 Orangenschnitz
nach Wunsch 1 Minzeblatt

Den Brandy mit Campari und Vermouth rosso auf Eiswürfeln rühren. Frische Eiswürfel in ein Becherglas geben, den Drink darauf abseihen und den Champagner zugießen. Mit der Limettenschale und dem Orangenschnitz abspritzen und beides ins Glas geben. Nur kurz umrühren und nach Wunsch ein Minzeblatt hineingeben.

Da dieser Drink relativ stark ist, serviert Charles Schumann ihn auf Eis. „Der darf durchs Eis ruhig ein bisschen verwässert werden", sagt er dazu. „Aber wer mag, kann ihn auch mal ohne Eis servieren und mit etwas mehr Champagner auffüllen. Das ist nur eine Frage des persönlichen Geschmacks und der Tagesform."

Coca Mallorquina mit Auberginen-Tatar

Zutaten für 4 Personen

Für die Coca:

350 g Mehl
100 ml Olivenöl
100 g weiche Butter
100 ml lauwarmes Wasser
Salz
100 g geschälte Tomaten (Dose)
weißer Pfeffer aus der Mühle
1-2 Zweige Basilikum, in feine Streifen geschnitten
1 mittelgroße Zwiebel, in dünne Ringe geschnitten
1 rote Paprikaschote, entkernt, geschält und in Streifen geschnitten
5-6 Zweige Thymian

Für das Auberginen-Tatar:

2 Auberginen
Salz
20 g Kapern
2 Sardellenfilets in Lake
40 g Oliven, entsteint
10 g Basilikumblätter, streifig geschnitten
60 ml alter Aceto Balsamico
35 ml junger Aceto Balsamico
50 ml Olivenöl
10 g Honig
weißer Pfeffer aus der Mühle

Für die Rotbarben:

4 Rotbarbenfilets (Rouget) von je 150 g, geschuppt und entgrätet
Salz, weißer Pfeffer aus der Mühle
Zitronensaft
Olivenöl zum Braten

Für die Garnitur:

frittiertes Basilikum
frittierte Auberginen-Chips
Pesto
Olivenöl

Für die Coca das Mehl mit Olivenöl, Butter, Wasser und etwas Salz zum glatten Teig verkneten und diesen zugedeckt für 1 Stunde kalt stellen.

Inzwischen die Tomaten durch ein Sieb streichen und mit Salz, Pfeffer und Basilikum würzen. Die Zwiebelringe salzen und 5 Minuten stehen lassen. Dann die Flüssigkeit von den Zwiebelringen auspressen.

Den Coca-Teig dünn ausrollen und auf ein Backblech legen. Das Tomatenpüree darauf glatt verstreichen und mit Zwiebelringen, Paprikastreifen und Thymianzweigen belegen. Die Coca im auf 220 Grad vorgeheizten Ofen 30 Minuten backen.

Während der Coca-Teig ruht, für das Tatar die Auberginen längs halbieren. Das Fruchtfleisch mehrfach einritzen, salzen und 20 Minuten ziehen lassen. Danach trockentupfen und mit den Schnittflächen nach unten auf ein Backblech legen. Im 180 Grad heißen Ofen in etwa 1 Stunde weich werden lassen. Das Fruchtfleisch auslösen und grob hacken. Die Schalen beiseite legen. Kapern, Sardellenfilets, Oliven und Basilikum sehr fein hacken und mit dem Auberginenfleisch vermischen. Mit beiden Essigsorten, Olivenöl, Honig und Pfeffer pikant abschmecken. Das Tatar auf die Auberginenschalen geben, diese einrollen und im etwa 100 Grad heißen Ofen kurz erwärmen.

Für die Rotbarben die Filets mit Salz, Pfeffer und Zitronensaft würzen und im heißen Olivenöl braten.

Die Coca in Streifen schneiden, mit Auberginenrollen und Rotbarbenfilets anrichten, mit Basilikum und Auberginen-Chips garnieren und mit etwas Pesto und Olivenöl beträufeln.

Paella

Zutaten für 4 Personen

Olivenöl zum Anbraten
1/2 Bergkaninchen von etwa 500 g, in Stücke geteilt
200 g Lammschulter ohne Knochen, in Stücke geteilt
200 g Schweinehals ohne Knochen, in Stücke geteilt
Salz, weißer Pfeffer aus der Mühle
2 Zwiebeln, fein gewürfelt
1 rote Paprikaschote, geschält und fein gewürfelt
1 gelbe Paprikaschote, geschält und fein gewürfelt
1 Knoblauchzehe, fein gewürfelt
1 kleine Pfefferschote, geputzt und gewürfelt
2 Lorbeerblätter
4 Gambaschwänze, ausgelöst
4 Langustinenschwänze in der Schale, längs halbiert
4 Miesmuscheln in der Schale, gewaschen und von Haftfäden befreit
4 Venusmuscheln in der Schale, gewaschen und von Haftfäden befreit
8 Scheiben Chorizo, etwa 4 mm dick
200 g Seeteufel, filetiert und in Stücke geteilt
3 vollreife Tomaten, gehäutet, entkernt und fein gewürfelt
100 g Erbsen, gepalt
Safran bester Qualität
1 Bund Petersilie, gehackt
Hühnerbrühe
Krustentiersud
250 g Paella-Reis
50 g Zuckerschoten (Mange-tout)

Etwas Olivenöl in einer großen Paellapfanne erhitzen. Die Fleischstücke mit Salz und Pfeffer würzen und unter Wenden anbraten. Die Zwiebelwürfel zufügen und ansautieren, ohne Farbe nehmen zu lassen.

Die Paprikawürfel mit Knoblauch, Pfefferschote und Lorbeerblättern zufügen, salzen und pfeffern.

Nun die übrigen Zutaten bis auf Hühnerbrühe, Krustentiersud, Reis und Zuckerschoten zufügen und vorsichtig kurz untermischen. Etwas Brühe angießen und aufkochen lassen.

Den Paella-Reis kreuzweise einstreuen, quellen lassen und löffelweise unter die übrigen Zutaten mischen. Die restliche Hühnerbrühe und den Krustentiersud aufgießen, die Paella nochmals würzen und 15-20 Minuten leise köcheln lassen. Kurz vor Ende der Garzeit die Zuckerschoten daruntermischen. Die Paella heiß, direkt in der Pfanne, servieren.

Hinweis:
Die Menge von Hühnerbrühe und Krustentiersud (wenn vorhanden) ist davon abhängig, wie viel Saft die Gemüse abgeben. Als Faustregel gilt: Ein Teil Reis: zwei Teile Flüssigkeit.

183

Bacalao-Salat mit Kartoffeln

Zutaten für 4 Personen

Für den Bacalao:

250 g Bacalaorücken aus dem Mittelstück (Stockfisch; getrockneter Kabeljau)
Olivenöl zum Begießen

Für das Bacalao-Püree:

5 EL Olivenöl
60 g Schalotten, geschält und gewürfelt
150 g Kartoffeln, geschält und gewürfelt
Bacalao, gewässert
20 g Pinienkerne, fein gehackt
1 Zweig Thymian
weißer Pfeffer aus der Mühle, Salz
200 ml Milch
Zitronensaft

Für den Salat:

8 kleine fest kochende Kartoffeln
Olivenöl zum Braten
Salz, weißer Pfeffer aus der Mühle
100 g ausgelöste dicke Bohnen
100 g geräucherter Bauchspeck, in hauchdünne Scheiben geschnitten

Für die Zitronen-Oliven-Vinaigrette:

2 EL Zitronensaft
3 EL warmes Wasser
Salz, weißer Pfeffer aus der Mühle
5 EL Olivenöl

Zum Garnieren:

kleine Rosmarinzweige
Staudensellerieblättchen
Pfeffermischung (Rot, Weiß, Schwarz), grob geschrotet

Den Bacalao mindestens 2 Tage lang wässern und das Wasser dabei sehr häufig erneuern.

Etwa zwei Drittel des Bacalao in ein Porzellangefäß legen, mit Olivenöl begießen und im auf 80 Grad vorgewärmten Ofen glasig werden lassen. Danach etwas abkühlen lassen und das Fleisch in kleine Segmente teilen.

Für das Bacalao-Püree das Olivenöl erhitzen und die Schalotten darin andünsten, ohne Farbe nehmen zu lassen. Die Kartoffeln mit dem übrigen Bacalao, den Pinienkernen und dem Thymianzweig zufügen. Mit Pfeffer und wenig Salz würzen, die Milch angießen und alles weich schmoren. Den Thymianzweig entfernen, alles mit dem Schneebesen zerstampfen und mit Salz, Pfeffer und Zitronensaft abschmecken.

Für den Salat die Kartoffeln kochen, noch heiß pellen und abgekühlt der Länge nach vierteln. In Olivenöl rundherum goldgelb braten, salzen und pfeffern. Inzwischen die Bohnen in Salzwasser blanchieren, abschrecken, die Kerne aus den Häuten lösen und mit Salz und Pfeffer würzen. Die Speckscheiben in wenig Öl kross ausbraten.

Für die Vinaigrette alle Zutaten gut verrühren. Das Bacalao-Püree auf vier Teller geben, die Bacalao-Stücke mit Kartoffeln, Bohnen und Speck darauf anrichten und die Vinaigrette darauf und drumherum verteilen. Mit Rosmarin, Sellerieblättchen und grob geschrotetem Peffer bestreuen und lauwarm servieren.

Eckart Witzigmann –
ein Mensch, der viel zu geben hat

Ingrid Arendt

Modekauffrau (Louis Féraud) ist begeisterte Hobbyköchin und gewann die Goldmedaille für Bayern und die Silbermedaille für Deutschland bei der 1. EUROTOQUES-TROPHY 1998 „Deutsche Koch Meisterschaft der Amateure" in München und Stuttgart

Begegnet sind wir uns schon vor 20 Jahren. Kennengelernt haben wir uns dann 1993 beim Skifahren in Kitzbühel. Übrigens: Wie am Herd, so brilliert er auch auf der Piste. Beim Jagertee in der Hütte hörte ich vom sonst eher wortkargen Eckart Witzigmann: "Du foahrst net schlecht, Madl." Ich nutzte sofort die Gelegenheit, ihm zu erzählen, dass ich zwar eine leidenschaftliche Hobbyköchin sei, aber leider nur in punkto Hausmannskost. Mein Traum wäre es, einmal in seinem 3-Sterne-Tempel *Aubergine* hinter die Kulissen zu schauen. „Die Hausmannskost ist auch meine Leidenschaft!", gab er mir zur Antwort. Das war der Beginn unserer wunderbaren Kochfreundschaft!

Wenig später stand ich in seiner Küche. Es war faszinierend, hautnah zu erleben, mit welch atemberaubender Geschwindigkeit in einer Profiküche höchste Qualitätsansprüche erfüllt werden. Das kann sich niemand vorstellen, dem nie ein Blick hinter die Kulissen gewährt wurde.

Ein typischer Witzigmann-Ausspruch, den ich nie vergesse, war: „Na Frau Arendt, nur vom Zuschauen lernen's net viel." Das war für mich die Aufforderung zum Tanz. Von da an durfte ich aktiv mitkochen. Eckart Witzigmann ließ mich den Unterschied zwischen gutem Kochen und kreativer Rezeptentwicklung begreifen. Man könnte es mit dem Komponieren einer Sinfonie vergleichen. Jeder Komponist hat die gleichen „Zutaten" zur Verfügung: die Noten. Daraus eine Sinfonie zu komponieren, ist echte Kunst!

Für mich ist es heute noch Erlebnis, Überraschung und Faszination zugleich, mit Eckart zu kochen. Wenn ich etwa frage: „Was kochen wir?" ist die Antwort. „Schaun ma mal!" Dann geht's zum Viktualienmarkt. Während eines Schwätzchens mit den Verkäufern inspiziert er das Angebot und kauft mit Kennerblick aus der enormen Vielfalt der Marktangebote gezielt ein. Man sieht's: Dies ist der Augenblick, in dem er neue Menüs kreiert. Vollgepackt, als sollte für 20 Personen gekocht werden, gibt es zur Entspannung erst mal ein Glas Champagner. Dann wird's ernst! Voller Verwunderung erlebte ich, mit welcher Präzision Eckart

Witzigmann kochte und die Rezepte bis ins kleinste Detail niederschrieb. Mich behandelte er indess wie einen Profi. Gnadenlos gab er gleichzeitig mehrere Anordnungen, so dass ich mir oft ein paar Hände mehr gewünscht hätte. Doch er ließ mich auf meine Art kochen, befahl nie dieses oder jenes, sondern deutete an: „Da hast Du Estragon." Das hieß für mich, „verwende es!" Er war streng und lobte selten. Widerspruch war nicht erlaubt! Wenn ich – selten genug – etwas besser zu wissen meinte, hieß es in scherzhaftem Ton: „Frau Gscheidl, ich war auch mal Koch!" „Oh Gott, das hab ich ganz vergessen" gab ich zurück. Ja, man muss tatsächlich ein gewisses Maß an Ausdauer, Ehrgeiz und Stehvermögen mitbringen, um an der Seite eines Künstlers zu arbeiten. Mit der Zeit interessierte sich der Meister auch für meine Rezepte und gab mir das Gefühl, integriert zu sein.

Als er mich zur Deutschen Kochmeisterschaft der Amateure Eurotoques anmeldete, wusste ich, jetzt hast Du ihn überzeugt. Bei der Vorbereitung leistete er jedoch keinerlei Schützenhilfe. „Da musst Du Dir schon selbst etwas einfallen lassen" meinte er lakonisch. Besonders begeistert war ich, als er mich für das Weihnachtsmenü der Zeitschrift DER FEINSCHMECKER die Gans nach meinem Rezept zubereiten ließ. Es gäbe noch viele dieser Episoden zu erzählen, doch verbindet uns inzwischen über das Kochen hinaus vieles mehr – die Liebe zur Natur, der gemeinsame Sport und vor allem das Wissen, das Einer für den Anderen da sein wird, egal was kommt. Eckart Witzigmann ist Künstler und Genie – mit viel Charme, auch mit Ecken und Kanten, aber mit goldenem Herzen. Er kennt keinen Neid, keine üble Nachrede. Er motiviert die Menschen und glaubt an sie. Er verlangt von sich das Äußerste und schont sich nie. Er ist ein absoluter Perfektionist und ein liebenswerter Mensch. Es gibt wenig Freunde wie ihn.

In Dankbarkeit
Ingrid Arendt

Ingrid Arendt und Eckart Witzigmann trifft man nicht nur bei offiziellen Anlässen wie hier beim Empfang des ehemaligen Wiener Bürgermeisters Helmut Zilk. Von den Witzigmann-Arendt'schen Kochfesten schwärmen gemeinsame Freunde ebenso wie vom Pistenspaß in Kitzbühel. Unten: Eckart Witzigmann am Hahnenkamm im harten Wettkampf mit Hans Haas und Jörg Wörther

Wolfsbarsch mit Oliven-Pesto und Bohnenpüree

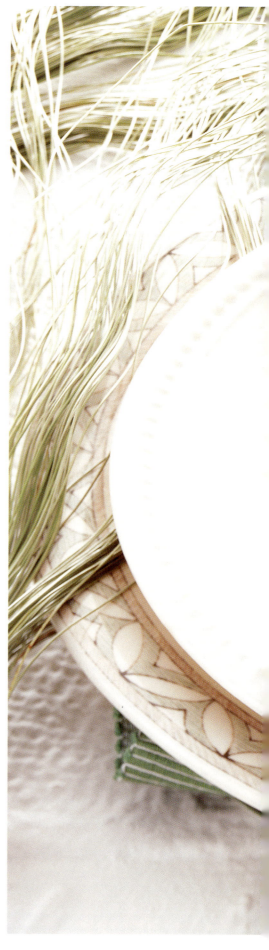

Zutaten für 4 Personen

Für das Bohnenpüree:

200 g weiße Bohnen
1 Zwiebel, geschält
5 Knoblauchzehen, geschält
2 Stangen Staudensellerie, geputzt und grob zerschnitten
2 Lorbeerblätter
2 Zweige Thymian
Salz
9 EL Olivenöl
1 Zweig Rosmarin
4 cl Aceto Balsamico

Für den Oliven-Pesto:

50 g grüne Oliven, entsteint
20 g Basilikumblätter
20 g Petersilienblätter
1 Knoblauchzehe, geschält und zerschnitten
15 g Kapern
140 ml Olivenöl
Salz, weißer Pfeffer aus der Mühle

Für das Chorizo-Öl:

100 g Olivenöl
100 g Chorizo, in dünne Scheiben geschnitten

Für die gefüllten Salbeiblätter:

16 große Salbeiblätter
Auberginen-Tatar (siehe Seite 180)
etwas Tempurateig
Öl zum Frittieren

Für den Wolfsbarsch:

1 Wolfsbarsch (Loup de Mer) von etwa 1,5 kg, geschuppt, ausgenommen und in 4 Tranchen geteilt
Salz, weißer Pfeffer aus der Mühle
2 Knoblauchzehen, angedrückt
2 Zweige Thymian
Olivenöl zum Braten
1-2 junge Zucchini, in Scheiben geschnitten
je 4 schwarze und grüne Oliven, halbiert und entsteint

Die Bohnen mit Wasser bedeckt über Nacht einweichen. Am nächsten Tag mit 3 l Wasser, der Zwiebel, 2 Knoblauchzehen, dem Sellerie, den Lorbeerblättern und 1 Thymianzweig aufsetzen und weich kochen. Erst danach salzen.

Das Olivenöl erwärmen, die übrigen Knoblauchzehen mit den abgepflückten Rosmarinnadeln und Thymianblättchen zufügen und 10 Minuten ziehen lassen. Mit Balsamico ablöschen, die gekochten Bohnen (bis auf 2 EL zum Garnieren) untermischen. Alles mit etwas Bohnenfond aufmixen und durch ein Sieb streichen.

Für den Pesto alle Zutaten aufmixen und mit Salz und Pfeffer würzen.

Für das Chorizo-Öl das Öl mit der Wurst kurz aufkochen, dann 1 Stunde am Herdrand ziehen lassen. Vor dem Servieren 12 Chorizo-Scheiben knusprig braten.

8 Salbeiblätter mit Auberginentatar füllen und die übrigen Blätter auflegen. Durch Tempurateig ziehen und in heißem Öl goldgelb frittieren.

Die Wolfsbarschtranchen salzen, pfeffern und mit Knoblauchzehen und Thymianzweigen in Olivenöl braten. Den Fisch herausnehmen, auf Küchenpapier abfetten lassen und warm stellen. Knoblauch und Thymian entfernen. Die Zucchini in das Öl geben, kurz braten, salzen und pfeffern. Die Oliven und die übrigen Bohnen darin kurz erwärmen.

Das Bohnenpüree auf vorgewärmte Teller verteilen, den Fisch darauf anrichten und mit den übrigen Zutaten umlegen. Mit Pesto beträufeln, mit dem Chorizo-Öl umgießen und rasch servieren.

Kaninchen-Cannelloni mit Artischocken

Zutaten für 4 Personen

Für den Nudelteig:

400 g Hartweizengrieß
100 g Mehl
14 Eigelb
3 EL Olivenöl
Salz, evtl. etwas Wasser

Für das Fenchelpüree:

200 g Fenchel, geputzt und in Stücke geschnitten
5 EL Olivenöl
3 cl Noilly Prat
10 g Kapern
1 Sardellenfilet in Lake, zerschnitten
Salz, Cayennepfeffer
Butter zum Bestreichen

Für die Cannelloni:

Nudelteig, Salz
250 g Kaninchenrückenfilets
Öl zum Einfetten und Bestreichen

Für die Artischocken:

4 junge, kleine Artischocken, geputzt
Zitronensaft
1-2 Knoblauchzehen, leicht angedrückt
1-2 Zweige Thymian
Olivenöl zum Braten
Salz, weißer Pfeffer aus der Mühle

Für die Jakobsmuscheln:

12 Jakobsmuscheln (Coquilles Saint-Jacques), ausgelöst, Salz
Olivenöl zum Sautieren

Zum Anrichten:

100 ml Tomatensugo
Olivenöl zum Beträufeln

Für den Nudelteig alle Zutaten mit der Küchenmaschine zu einem glatten Teig kneten und abgedeckt 3 Stunden ruhen lassen.

Für das Fenchelpüree den Fenchel im Öl ansautieren, mit Noilly Prat ablöschen und mit Kapern, Sardellenfilet, Salz und Cayennepfeffer würzen. Pergamentpapier mit Butter bestreichen, den Fenchel damit abdecken und im auf 180 Grad vorgeheizten Ofen weich schmoren. Alles im Mixer glatt pürieren, durch ein Sieb streichen und abkühlen lassen.

Für die Cannelloni den Nudelteig dünn ausrollen und 8 Teigflecken (10 x 7 cm) ausschneiden. In kochendes Salzwasser geben, einmal aufkochen, dann sofort abschrecken und auf einem Tuch ausbreiten.

Kaninchenrückenfilets längs halbieren, 2 mm dick plattieren und leicht salzen. Die Nudelblätter mit dem Fenchelpüree bestreichen, mit den Kaninchenfilets belegen und einrollen. Nebeneinander in eine geölte Form legen, leicht mit Öl bestreichen und abgedeckt im auf 150 Grad vorgeheizten Ofen erwärmen; das Fleisch soll glasig bleiben.

Die Artischocken der Länge nach in dünne Scheiben schneiden und die Schnittflächen mit Zitronensaft bestreichen, damit sie nicht braun werden. Mit Knoblauch und Thymian in Olivenöl braten, salzen und pfeffern.

Die Jakobsmuscheln leicht salzen und auf beiden Seiten in wenig Öl ansautieren.

Die Cannelloni mit Jakobsmuscheln und Artischocken anrichten, mit dem erwärmten Tomatensugo begießen und mit Olivenöl beträufeln.

Hinweis:

Möchten Sie dieses leichte Sommergericht lieber etwas üppiger, geben Sie die geschmorten Schultern des Kaninchens dazu. Lösen Sie dann auch ein Stückchen von der Schwarte ab, schneiden Sie es in sehr dünne Streifen und braten Sie diese knusprig aus.

Kalbfleisch mit Thunfisch

Zutaten für 4 Personen

Für den Schmorfond:

6 EL Olivenöl
2 Knoblauchzehen, gewürfelt
60 g Schalotten, gewürfelt
200 g frische Tomaten, grob zerschnitten
200 g Tomaten aus der Dose
200 ml Kalbsfond
400 g Thunfisch in Öl
1 Zweig Basilikum
1 Zweig Thymian
Salz, weißer Pfeffer aus der Mühle
Cayennepfeffer
20 g Kapern
2 Sardellenfilets in Lake

Für das Kalbfleisch:

500 g Kalbsfilet
Salz, weißer Pfeffer aus der Mühle

Für den Thunfisch:

300 g frischer Thunfisch bester Qualität
Salz, weißer Pfeffer aus der Mühle
Olivenöl zum Bestreichen

Für den Schmorfond das Öl in einem Topf erhitzen und den Knoblauch mit den Schalotten darin andünsten. Frische Tomaten und Dosentomaten samt Kalbsfond, dem abgetropften, zerpflückten Thunfisch und den Kräuterzweigen untermischen. Mit Salz, Pfeffer, Cayennepfeffer, Kapern und Sardellenfilets würzen und alles etwa 60 Minuten leise köcheln lassen.

Das Kalbsfilet, falls noch nötig, parieren, dann rundherum mit Salz und Pfeffer würzen. In den Schmorfond legen und zugedeckt im auf 150 Grad vorgeheizten Ofen rosa schmoren. Das Fleisch aus dem Schmorfond nehmen und etwas abkühlen lassen.

Den Thunfisch in dünne Scheiben schneiden, diese zwischen Klarsichtfolie legen und plattieren. Dann salzen, pfeffern und dünn mit Olivenöl bepinseln.

Das Kalbsfilet in gleichmäßig dünne Scheiben schneiden, abwechselnd mit den Thunfischscheiben auf vier Tellern anrichten und alles mit Schmorfond beträufeln.

Gebratener junger Knoblauch, Spinat mit Pinienkernen und frisches Weißbrot sind passende Beilagen dazu.

Eckart Witzigmann –
Der alte Mann und die Küche

Hans Mahr

ist geborener Wiener, studierte Wirtschaftswissenschaften und begann seine journalistische Karriere 1967 als Lokalreporter der 'Neue(n) Zeitung'. Er wurde Reporter beim 'Express', danach bei der 'Kronen-Zeitung' Leiter des Ressorts Lokales, Feature, Inneres, später des Ressorts Politik. 1977 übernahm Hans Mahr die Leitung des Büros des Bürgermeisters von Wien und 2 Jahre später die Öffentlichkeitsarbeit und das Wahlkampfmanagement für Bundeskanzler Bruno Kreisky. Es folgten u.a. die Leitung des 'Stern'-Büros Wien sowie die Leitung des RTL-Büros in Österreich. Hans Mahr ist heute Direktor Information und Sport, Chefredakteur RTL, Stellvertreter des Geschäftsführer von RTL und Geschäftsführer von RTL NEWMEDIA (alle Köln)

„Eine lange Zeit schon hatten ihn die anderen den Champion genannt. Er hatte ganz leicht gesiegt, da er damals, im ersten Wettkampf das Selbstvertrauen (der anderen) erschüttert hatte. Danach hatte er noch ein paar Wettkämpfe ausgefochten und dann keine mehr. Er hatte festgestellt, dass er jeden besiegen konnte, wenn er nur heftig genug wollte."

(aus: „Der alte Mann und das Meer" von Ernest Hemingway, S. 68 ff.)

*I*rgendwie erinnert er an den alten Mann, den kubanischen Fischer, den Ernest Hemingway unvergänglich gemacht hat. Sein Element ist nicht das Meer, sondern die Küche, und man kann ihn auch nach bestem Bemühen nicht als „dünn und hager" bezeichnen, aber: Er ist der Champion, der keine Kämpfe mehr ausfechten muss, weil er weiss, dass er der Beste ist: Eckart Witzigmann.

Er liebt die Küche so inbrünstig wie Hemingways Fischer das Meer. Und ich bin sicher, manchmal sitzt er vor der Haustür auf Mallorca und blickt statt aufs Meer in das Tal von Sóller mit den Entchen auf dem Fluss und den blühenden Frühlingsgewächsen.

Denn Eckart Witzigmann ist kein gewöhnlicher Koch, sondern einer mit Ecken und Kanten. Er ist ein bisschen Philosoph, aber mit großer

Bodenständigkeit. Er ist immer Reformator, aber mit konservativem Dickschädel zugleich. Er ist jedenfalls einer, für den das Kochen nicht die Zubereitung von Speisen, sondern eine künstlerische Mission ist.

Jetzt wird er 60 und – trotz Philosophie – sicher nicht weise. Er hat die Küchen Mitteleuropas (und nicht nur die) revolutioniert wie kein anderer. Neben den Franzosen war er der erste große Meister der Nouvelle cuisine, obwohl es bei ihm – Danke im Namen der Gäste – von Anfang an mehr zu essen auf den Teller gab als bei den berühmten Franzosen. Aber er kreierte auch eine neue Gastlichkeit, eine neue Tischkultur. Der Siegeszug der Riedel-Gläser rund um die Welt ist mit seinem Namen verbunden. Auch dass Geschirr und Besteck mit der Qualität der Küche mithalten müssen, hat er seinen Schülern beigebracht, die heute in Dutzenden quer durch Europa die Witzigmann-Tradition hochhalten.

Apropos Schüler: Wie viele Witzigmann-Schüler heutzutage an den Herden der Welt werken, ist fast unglaublich. Wahrscheinlich hat der eine oder andere nur auf Kurzbesuch in der Küche vorbeigeschaut. Aber trotzdem müssen es Dutzende, ja Hunderte „echte" Schüler sein, denen der große Meister mürrisch, ein bisschen rechthaberisch, aber mit viel Gespür für die persönliche Kreativität das große Kochen beigebracht hat. Dem Ruhm des Meisters ist es jedenfalls nicht abträglich, wenn sich Größen der Küche von Flensburg bis Mallorca und von Wien bis tief nach Frankreich hinein mit dem Ehrentitel „Witzigmann-Schüler" schmücken.

Und so geht es ihm mit 60 wie dem eingangs erwähnten kubanischen Fischer: Ab und zu zeigt er noch seine Größe, aber er hat es nicht mehr notwendig, sich mit all denen, die Konkurrenten sind oder Konkurrenten sein wollen, zu messen. Er kann beruhigt ins ferne Land schauen, philosophieren und bei der untergehenden Sonne vielleicht ein Gläschen auf sich selbst trinken.

Denn er ist „der Witzigmann". Das genügt.

THE BIG CATCH! Nachdem Eckart Witzigmann zum Fischen mal in Schottland gewesen war, wünschte er sich, einmal zum Hochseeangeln zu gehen. Er flog auf die Bahamas. In Bimini traf er Toni (dessen Bruder übrigens tatsächlich mit Hemingway aufs Meer fuhr), und er traf auf die schönsten und größten Grouper seines Lebens. Der Kampf konnte beginnen – der Sieger stand fest! Rauchenderweise sieht man EW, wie ihn Freunde nennen, selten, aber bei Horst Bork gibt's mal eine Ausnahme

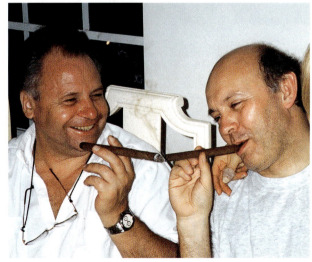

Kaninchen à la Bouillabaisse mit Kartoffeln

Zutaten für 4 Personen

Für das Kaninchen:

1 Kaninchen von 1,4 kg (in 12 Teile geteilt)
2 Msp. Safranfäden
4 Zweige Thymian
schwarzer Pfeffer aus der Mühle
1 junge Knoblauchknolle, leicht angedrückt
3 Lorbeerblätter
6 EL Olivenöl
Salz
250 g Zwiebeln, geschält und in Scheiben geschnitten
1 Fenchelknolle, in Streifen geschnitten
1/2 TL Fenchelsamen, gehackt
1 Bund Petersilie
1 EL Tomatenmark
300 g Kirschtomaten
400 g mehlig kochende Kartoffeln, geschält und in 1/2 cm dicke Scheiben geschnitten
1 l Tomaten- oder Geflügelfond
1/8 l trockener Weißwein
1 EL Pernod
Basilikum zum Garnieren

Für die Sauce Rouille:

70 g Kartoffeln, Salz
6 Safranfäden
1 Knoblauchzehe, geschält und fein gewürfelt
4 EL Tomatenfond
1 Eigelb
1 Msp. Senf
1 Spitzer Zitronensaft
100 ml Olivenöl
Salz, weißer Pfeffer aus der Mühle
Cayennepfeffer
4 Scheiben Baguette, getoastet

Kaninchenstücke mit 1 Msp. Safran, den Thymianzweigen, etwas Pfeffer, Knoblauch, Lorbeerblättern und 4 EL Olivenöl über Nacht marinieren.

Am nächsten Tag das übrige Olivenöl in einem hohen Schmortopf erhitzen. Die Kaninchenstücke aus der Marinade nehmen, abtropfen lassen, salzen und darin rundherum anbraten. Das Fleisch herausnehmen.

Zwiebeln und Fenchel in den Schmortopf geben und unter Wenden leicht andünsten. Die Fenchelsamen mit den Petersilienstängeln, dem übrigen Safran und dem Tomatenmark zufügen und darunterrühren. Das Fleisch auf das Gemüse setzen und die Kirschtomaten darauf verteilen.

Alles mit den Kartoffelscheiben abdecken und den Tomaten- oder Geflügelfond samt Weißwein und Pernod angießen. Den Topf verschließen und für 30 Minuten in den auf 190 Grad vorgeheizten Ofen stellen. Die Temperatur auf 170 Grad reduzieren und das Kaninchen in weiteren 10 Minuten garen. Die Petersilienstängel entfernen und das Kaninchen mit Basilikum garnieren.

Während das Kaninchen gart, für die Rouille die Kartoffeln in Salzwasser weich kochen und abgießen. Safran, Knoblauch und Tomatenfond zufügen und die Flüssigkeit einkochen lassen. Die Kartoffeln mit einer Gabel zerdrücken. Aus Eigelb, Senf, Zitronensaft und dem Öl eine Mayonnaise zubereiten, diese mit dem Kartoffelpüree vermischen und mit Salz, Pfeffer und Cayennepfeffer pikant abschmecken.

Etwas Rouille auf die getoasteten Baguettescheiben streichen und diese zum Kaninchen reichen. Die restliche Rouille getrennt servieren.

Spanferkelrücken mit Sobrasada-Nudeln

Zutaten für 4 Personen

Für die eingelegten Orangen:

4 unbehandelte Orangen
3/4 l Fenchelsaft (etwa)
ein paar Basilikumblätter
Salz, Koriander
Safran, Curry

Für den Spanferkelrücken:

1 kg Spanferkelrücken am Knochen, bereits geputzt
Salz, weißer Pfeffer aus der Mühle
Öl zum Einfetten
50 ml Wasser

Für den Fenchel:

2 mittelgroße Fenchelknollen, geputzt und geachtelt
2 EL Olivenöl
Saft von 1 Orange
1/8 l trockener Weißwein, Salz

Für die Sobrasada-Nudeln:

200 g Kartoffeln, Salz
90 g Sobrasada (Mallorquinische Mettwurst)
60 g Quark
50 g Mehl
30 g Kartoffelmehl
1 Eigelb, Salz

Für den Orangen-Pesto:

100 ml Orangensaft
20 g Basilikumblätter
10 g Petersilienblätter
4 g Estragonblätter
1/4 Knoblauchzehe
1 EL Olivenöl, Salz

Zum Garnieren:

frittierter Estragon

Die Orangen rundherum einstechen, nebeneinander in einen kleinen Topf setzen und mit Fenchelsaft bedecken. Mit Basilikum, Salz, Koriander, Safran und Curry würzen und 5 Stunden zugedeckt leise köcheln lassen. Noch heiß in ein Einmachglas geben, mit dem Sud bedecken und das Glas mit Ring, Deckel und Klammer verschließen. Im Wasserbad aufkochen und danach mindestens 48 Stunden ruhen lassen.

Den Spanferkelrücken mit Salz und Pfeffer würzen, mit der Fleischseite nach unten in eine gefettete ofenfeste Form legen und mit dem Wasser umgossen für etwa 1 Stunde in den auf 90-100 Grad vorgewärmten Ofen schieben. Dann die Temperatur auf 220 Grad Oberhitze und 150 Grad Unterhitze einschalten und das Fleisch in einer weiteren Stunde garen. (Oder das Fleisch bei je 180 Grad Ober- und Unterhitze in etwa 45 Minuten garen.) Bis zum Servieren unbedingt ein paar Minuten ruhen lassen.

Die Fenchelachtel im Olivenöl andünsten, ohne Farbe nehmen zu lassen. Mit Orangensaft und Wein begießen, nur leicht salzen und zugedeckt weich schmoren.

Für die Sobrasada-Nudeln die Kartoffeln in Salzwasser kochen, ausdampfen lassen und durchdrücken. Die Sobrasada häuten, zerschneiden und mit dem Quark aufmixen. Mit Mehl, Kartoffelmehl, Eigelb und etwas Salz zu den Kartoffeln geben, alles schnell verkneten und zu kleinfingergroßen Nudeln formen. In Salzwasser einmal aufkochen, dann abtropfen lassen.

Für den Orangen-Pesto den Orangensaft um gut zwei Drittel reduzieren und etwas abgekühlt mit den übrigen Zutaten aufmixen.

Den Spanferkelrücken aufschneiden und mit Sobrasada-Nudeln, Fenchel und den in Stücke geschnittenen Orangen anrichten. Mit Pesto beträufeln und mit Estragon garnieren.

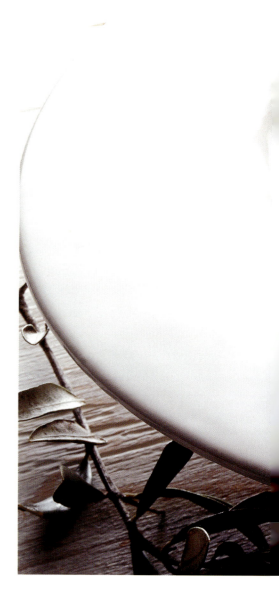

Eckart Witzigmann –
Ehrlich, das ist dein Vater?

Max Witzigmann

wurde 1974 in München geboren. Der ausgebildete Redakteur lebt und arbeitet heute als Autor in München

Eines gleich vorweg: Nein, ich kann nicht so gut kochen wie mein Vater. Leider. Genau genommen kann ich überhaupt nicht kochen. Noch nicht mal eine Haltsmaultaschensuppe aus der Packung mag mir so recht gelingen. Sei's drum. Der Stefan Beckenbauer kann ja auch nicht Fußball spielen, tröste ich mich immer, wenn ich im „Wirtshaus zum goldenen M" sitze und mich Cheeseburger-kauend frage, warum ich nicht so gut kochen kann wie mein Vater.

Wenn ich als kleiner Junge gefragt wurde, was ich später einmal werden wolle, habe ich immer gesagt: „Starkoch". Das war sonnenklar. Starkoch – ich weiß gar nicht, woher ich diesen Begriff damals hatte, und ich wusste auch nicht, was er bedeutete. Was ich aber sehr wohl wusste: Das, was mein Vater da Tag für Tag in seiner Küche zauberte, roch gut. Unvergesslich gut! Eines Nachmittags – ich war noch keine zwei Jahre alt – hat mich meine Mutter wie immer im Kinderwagen am Kücheneingang des Restaurants *Tantris* vorbeigeschoben, als ich mein kleines Näslein in den Wind gehalten und schnuppernd gesagt haben soll: „Mhhh, der Vati kocht heut' wieder schwarze Trüffelsauce."

Angeblich war damals Kalbsleber mit schwarzer Trüffelsauce und Kartoffelpüree mein Lieblingsessen. Komisch. Ich dachte immer, Hechtklößchen wären mein Lieblingsessen gewesen. Ich kann mich noch gut an die fassungslosen Gesichter meiner Kindergartenfreunde erinnern, als wir auf einer Geburtstagsparty Scharade spielten. Nachdem ich minutenlang immer wieder ein und dieselbe Handbewegung vorgeturnt hatte, fragte mich die Mutter des Geburtstagskindes entgeistert: „Was machst'n Du da eigentlich, Maxi?" Und ich antwortete nicht weniger entgeistert, „Hechtklößchen. Was denn sonst?"

Die Vorteile, einen Starkoch als Vater zu haben, lagen für meine Schwester Véronique und mich auf der Hand. Denn neben außergewöhnlichen Pausenbroten hatten wir auch immer außergewöhnliche Haustiere: Ich denke da zum Beispiel an das nette Krebspärchen, das wir gerade noch dem

Suppentopf unseres Vaters entreißen konnten. Allerdings hatte uns niemand gesagt, dass es sich bei diesen beiden Exemplaren um Salzwasserkrebse handelte, weswegen sie in unserer Leitungswasserpension im elften Stock des *Tantris*-Hochhauses nicht länger als einen Tag überdauerten. Als nächstes schwatzten wir unserem Vater eine Suppenschildkröte ab. Wir nannten sie Pipsi. Doch auch dieses entzückende Geschöpf schien unsere liebevolle Fürsorge nicht zu schätzen zu wissen. Bereits nach einer Woche zog sich Pipsi beleidigt in ihren Panzer zurück und kam nie wieder raus. Heute frage ich mich, ob das vielleicht daran gelegen haben mag, dass ich ihr immer die Nasenlöcher zugehalten habe.

Irgendwann hab ich gemerkt: Starkoch ist wahrscheinlich doch nicht der geeignete Beruf für mich. Denn je größer ich wurde, desto mehr ist mir aufgefallen, dass mein Vater ganz schön viel arbeiten muss. Deshalb hab' ich es auch immer sehr genossen, wenn wir zwei zusammen waren. Meistens haben wir im Englischen Garten Fußball gespielt. Ich werde nie vergessen, wie lieb er sich um mich gekümmert hat, als mir Urs, ein Schweizer Pâtissier, beim Kicken aus fünf Meter Entfernung sämtliche Milchzähne rausgeschossen hatte. Danach hat mich mein Papa mit hausgemachtem Pistazieneis getröstet und mein blutendes Zahnfleisch gekühlt. Das Eis hatte, glaube ich, der Urs gemacht.

Manchmal denke ich darüber nach, ob es ein Fehler war, nicht in die Fußstapfen meines Papas getreten zu sein. Ich kann mir sehr gut vorstellen, dass Kochen eine der befriedigendsten Kunstformen sein muss. Was kann es Schöneres geben, als jeden Tag neue Kunstwerke kreieren zu können, um damit Menschen glücklich zu machen? Herrlich. Auf der anderen Seite kann ich mir auch

Bilder aus glücklichen Kindertagen voller Liebe, Zärtlichkeit und Vertrauen. Riesig stolz präsentiert die niedliche Véronique ihren kleinen Bruder. Dem gefällt das ebenso gut wie das Kuscheln mit dem Papa – oder noch schöner: mit Mama und Papa. Und wenn dann gerade noch Geburtstag ist, um so besser! Heute wundern sich beide Kinder manchmal, dass ihre Eltern, trotz der gemeinsamen strapaziösen Arbeit, immer Zeit für sie hatten – da waren, wenn die beiden sie brauchten

Gemütliche Abende zu zweit waren eher selten für Eckart und Monika Witzigmann. Die gemeinsame Arbeit in der Aubergine ließ ihnen dafür nur wenig Zeit. Um so mehr versuchten sie, möglichst viel gemeinsam mit den Kindern zu unternehmen. Skifahren, gemütliche Familienfeste und Wanderungen zur Berghütte waren ihnen heilig

sehr gut vorstellen, dass Kochen eine der nervenaufreibendsten Kunstformen sein kann. Was kann es Schwierigeres geben, als jeden Tag neue Kunstwerke kreieren zu müssen, um damit Menschen glücklich zu machen? Man muss eine unheimliche Disziplin an den Tag legen, hart zu sich selbst sein und – man darf nie aufgeben. In diesem Punkt bewundere ich meinen Papa wirklich sehr. Betrachtet man die Kunst des Kochens als Beruf, verliert sie jegliche Romantik. Da wird die Küche zum Schlachtfeld. Kochen ist Kampf. Manchmal sogar Krieg. Ich weiß, wovon ich rede. Schließlich bin ich, wenn mein Papa und ich daheim gemeinsam kochen, der „Kräuterchef" – ein wirklich verantwortungsvoller Posten. Jeder Handgriff muss sitzen. Eine Herztransplantation ist vergleichsweise ein Witz dagegen. Manchmal weiß ich gar nicht, wo mir der Kopf steht, wenn ich mich entscheiden muss, ob ich zuerst die Spülmaschine einräumen oder den Müll runterbringen soll.

Auch wenn ich es in meiner gastronomischen Laufbahn nur zum Kräuterchef gebracht habe, so habe ich von meinem Papa dennoch einiges gelernt: Kochen ist mehr als Kochen. Kochen ist eine Religion. Kochen ist eine Philosophie. Es ist die Lehre vom magischen Dreieck, das die Welt zusammenhält: Respekt, Vertrauen, Zuneigung. Es bedeutet die Kunst zu leben: Man muss sich Zeit lassen können. Dann macht das Leben Spaß. Dann kann man es genießen. Kochen ist ein hoch kulturelles Ereignis – ähnlich einer Opernaufführung. Der wichtigste Grundsatz aber, den ich von meinem Papa gelernt habe, lautet: „Die einfachen Dinge sind die Besten" – oder wie es eine alte Regel im Rock'n'Roll-Business besagt: „Keep it simple, asshole!" Es ist nur manchmal verdammt schwer, einfach zu sein.

Für mich war es immer normal, einen Jahrhundertkoch zum Vater zu haben. Anders gesagt, ich habe meinen Papa immer als meinen Papa, als meinen besten Freund gese-

hen. Aus diesem Grund habe ich auch nie so richtig verstanden, warum die Leute früher jedes Mal mit den Augen rollten und ungläubig nachfragten: „Witzigmann? Ehrlich, das ist dein Vater?" Die zweite Frage war dann gleich: „Kannst Du auch so gut kochen wie dein Vater?" Heute hat sich das geändert. Meist ernte ich mitleidige Blicke, wenn ich mich mit meinem Nachnamen vorstelle: „Du arbeitest in der Comedy-Branche und heißt Witzigmann? Ein bescheidenerer Künstlername ist Dir wohl nicht eingefallen." Aber egal, was die Leute sagen, ich bin stolz darauf, ein Witzigmann zu sein.

„Aus Kindern werden Leute!", heißt es im Volksmund. Und aus glücklichen Kindern werden selbstbewußte, strahlende Erwachsene, wie die Bilder und Kommentare aus Max „Privatsammlung" zeigen. Mal gibt er sich ausgelassen und mal relaxed wie oben mit dem Sohn eines anderen großen Vaters: Marc Haeberlin. Rechts der stolze Vater mit seiner schönen Tochter Véronique, die mittlerweile bereits verheiratet ist und Eckart Witzigmann zum mindestens ebenso stolzen Großvater der kleinen Marietta machte

Gemischtes Gemüse à la Grecque

Zutaten für 4 Personen

150 g junge Perlzwiebeln
1 mittelgroßer Blumenkohl
200 g Fenchel
4 junge Artischocken oder 8 Babyartischocken
etwas Zitronensaft
150 g kleine Champignons
500 g Tomaten
4 junge Knoblauchzehen
1 1/2 TL schwarze Pfefferkörner
1 1/2 TL Korianderkörner
1 1/2 TL Fenchelsamen
6 EL Kreta-Olivenöl
2 Zweige Thymian
6 Lorbeerblätter
1 EL Zucker
grobes Meersalz
10 Safranfäden
1/8 l trockener Weißwein
600 ml Gemüsebrühe
1/2 Bund glatte Petersilie, gehackt

Die Perlzwiebeln schälen und ganz lassen. Den Blumenkohl putzen und in etwa walnussgroße Röschen teilen. Fenchel ebenfalls putzen, der Länge nach halbieren und in 1 cm dicke Spalten schneiden.

Die Artischocken putzen. Größere halbieren oder vierteln, kleine ganz lassen. Die Artischocken bis zur Verwendung in Zitronenwasser legen, damit sie nicht braun werden.

Die Champignons putzen und größere Exemplare halbieren oder vierteln. Die Tomaten mit kochendem Wasser überbrühen, häuten, vierteln und entkernen. Knoblauchzehen schälen.

Pfeffer- und Korianderkörner mit den Fenchelsamen in einem Mörser grob zerstoßen. Das Olivenöl in einem Schmortopf erhitzen und die Gewürze darin leicht anrösten. Knoblauchzehen, Thymian und Lorbeerblätter zufügen und kurz mitrösten.

Danach die Perlzwiebeln mit Fenchel, Blumenkohl, Artischocken und den Champignons zufügen. Alles mit Zucker und etwas Meersalz bestreuen und leicht glacieren lassen. Die Safranfäden darüber verteilen und alles mit Weißwein ablöschen. Diesen etwas einkochen lassen und mit der Gemüsebrühe aufgießen.

Die Tomatenviertel untermischen und die Form mit Alufolie bedecken. Im auf 180 Grad vorgeheizten Ofen in etwa 30 Minuten garen.

Das Gemüse, falls nötig, noch einmal mit etwas Meersalz und Olivenöl abschmecken. Mit der gehackten Petersilie bestreuen und am besten lauwarm servieren.

Paprikaschoten mit Couscous und Rosinen

Zutaten für 4 Personen

Für die Paprikaschoten:

100 g Rosinen
1 Msp. Safranfäden
350 ml heiße Hühnerbrühe
150 g Couscous
1 EL Currypulver
1 1/2 TL Garam Masala
80 g Mandelblättchen, geröstet
40 g Pinienkerne, geröstet
2 EL Schalotten, fein gewürfelt
Salz
8 mittelgroße rote, gelbe und grüne Spitzpaprikaschoten
3 EL Olivenöl
5 Knoblauchzehen, leicht angedrückt
1 Zweig Thymian
5 Lorbeerblätter
schwarzer Pfeffer aus der Mühle
1/2 l Tomatensaft

Für den Chili-Jogurt:

200 g Schafsmilchjogurt
4 EL Milch
Saft von 1/2 Zitrone
1 kräftige Prise Cayennepfeffer
1/2 TL Paprika edelsüß
Salz
1/2 Bund glatte Petersilie

Die Rosinen etwa 30 Minuten lang in Wasser einweichen.

Die Safranfäden in die heiße Hühnerbrühe geben, über den Couscous gießen und diesen etwa 30 Minuten quellen lassen.

Danach das Currypulver mit 1 TL Garam Masala sowie Mandelblättchen, Pinienkernen, Rosinen und Schalotten darunterrühren und alles kräftig mit Salz abschmecken.

Die Paprikaschoten der Länge nach aufschneiden und die Kerne samt den Trennwänden herauslösen. Die Couscous-Mischung vorsichtig einfüllen. Die gefüllten Paprikaschoten nebeneinander in einen Bratentopf legen und mit dem Olivenöl beträufeln. Die Knoblauchzehen, den Thymianzweig und die Lorbeerblätter drumherum verteilen und alles mit Salz, Pfeffer und dem restlichen Garam Masala würzen. Die Schoten im auf 180 Grad vorgeheizten Ofen etwa 15 Minuten garen, den erhitzten Tomatensaft zugießen und alles weitere 30 Minuten garen. Zwischendurch die Paprikaschoten behutsam wenden und öfter mit dem Garfond begießen.

Für den Chili-Jogurt den Jogurt mit Milch, Zitronensaft, Cayennepfeffer und Paprika verrühren und mit Salz abschmecken.

Die Paprikaschoten mit der Sauce auf vier Tellern anrichten. Etwas Chili-Jogurt in die Sauce geben, den Rest getrennt dazu reichen. Die Petersilie zerpflücken und über das Gericht streuen.

Spargel mit Blumenkohl und Brokkolimus

Zutaten für 4 Personen

Für das Brokkolimus:

500 g Brokkoli, geputzt
Salz
30 g Butter
weißer Pfeffer aus der Mühle
frisch geriebene Muskatnuss
120 g Sahne

Für den Spargel:

1 kg weißer Spargel
Salz
1/2 TL Zucker
Saft von 1/2 Zitrone
80 g Butter

Für das Pfannengemüse:

1 kleiner Blumenkohl
Salz
500 g grüner Spargel
2 EL Olivenöl
40 g Butter
frisch geriebene Muskatnuss
1 EL Petersilie, grob gehackt
weißer Pfeffer aus der Mühle

Zum Bestreuen:

90 g Butter
30 g Weißbrotbrösel, frisch gerieben
2 Eier, hart gekocht

Für das Brokkolimus den Brokkoli in Röschen teilen, die Stiele schälen und klein schneiden. Alles 5 Minuten in Salzwasser kochen, herausnehmen, in Eiswasser abschrecken und sorgfältig abtropfen lassen.

Die Butter in einem Topf schmelzen, den Brokkoli darin andünsten und mit Salz, Pfeffer und Muskat würzen. Die Sahne fast vollständig angießen und den Brokkoli in 10 Minuten weich dünsten. Danach mit dem Mixstab grob pürieren, abschmecken und eventuell noch etwas Sahne unterrühren.

Den weißen Spargel unterhalb des Kopfes von oben nach unten schälen und die Endstücke abschneiden. In einem großen Topf Wasser mit Salz, Zucker, Zitronensaft und 50 g Butter aufkochen, den Spargel hineingeben und in 10-12 Minuten gar kochen. Die Stangen herausnehmen und abtropfen lassen. 30 g Butter in einer Pfanne schmelzen und den Spargel darin kurz schwenken.

Für das Pfannengemüse den Blumenkohl putzen, in Röschen teilen und in gesalzenem Wasser etwa 10 Minuten kochen. Die Röschen herausheben, in Eiswasser abschrecken und abtropfen lassen.

Den grünen Spargel unterhalb des Kopfes von oben nach unten schälen und von holzigen Enden befreien. Die Stangen 6-8 Minuten in Salzwasser köcheln lassen, in Eiswasser abschrecken und abtropfen lassen.

Das Olivenöl mit 40 g Butter erhitzen. Den Blumenkohl darin in 3-4 Minuten goldbraun braten, mit Salz und Muskat würzen. Den grünen Spargel und die Petersilie hinzufügen und 2-3 Minuten mitbraten. Mit Pfeffer würzen.

Inzwischen 60 g Butter in einer kleinen Kasserolle erhitzen und die Weißbrotbrösel darin goldgelb rösten. Eier pellen und fein hacken. Die restliche Butter in einem kleinen Topf einmal aufschäumen lassen.

Den weißen Spargel auf vorgewärmte Teller legen und das Pfannengemüse daneben anrichten. Das Brokkolimus abstechen und dazusetzen. Das Gemüse mit gerösteten Bröseln und gehacktem Ei bestreuen und mit der Butter beträufeln.

Tomaten mit Reisfüllung

Zutaten für 4 Personen

Für Tomaten und Füllung:

8 vollreife, feste Tomaten (je 140 g)
150 g runder italienischer Reis, Salz
75 g Weißbrot vom Vortag
weißer Pfeffer aus der Mühle, Zucker
6 EL Kreta-Olivenöl
1 Schalotte, fein gewürfelt
1-2 Knoblauchzehen, fein gewürfelt
150 g Steinpilze, geputzt, gehackt
1 TL gehackte glatte Petersilie
Saft von 1/2 Zitrone
50 g weiße Zwiebel, fein gewürfelt
50 g Staudensellerie, fein gewürfelt
150 g Kochschinken, fein gewürfelt
300 g rohe Bratwurstmasse bester Qualität
1 EL gehackte gemischte Kräuter (Petersilie, Oregano, Basilikum, Thymian)
frisch geriebene Muskatnuss

Für die Sauce:

Fruchtfleisch der 8 Tomaten
Salz, weißer Pfeffer aus der Mühle
1 Prise Zucker
4 EL Kreta-Olivenöl
50 g Staudensellerie, fein gewürfelt
3 Knoblauchzehen, angedrückt
1-2 EL Tomatenpüree
4-5 Zweige Basilikum
2 Zweige Thymian
2 Lorbeerblätter
2 Stück Würfelzucker
100 g kleine weiße Zwiebeln, längs in Streifen geschnitten

Von den Tomaten jeweils einen Deckel abschneiden, das Fruchtfleisch vorsichtig auslösen und für die Sauce auffangen. Leicht mit Salz, Pfeffer und Zucker würzen und beiseite stellen.

Den Reis etwa 8 Minuten in Salzwasser kochen, in einem Sieb kalt abbrausen und abtropfen lassen.

Das Weißbrot in Scheiben schneiden und mit Wasser anfeuchten. Die Tomaten mit Salz, Pfeffer und etwas Zucker ausstreuen und umgekehrt auf einem Gitter abtropfen lassen.

2 EL Olivenöl in einer Teflonpfanne erhitzen. Schalotte und Knoblauch darin anschwitzen, ohne Farbe nehmen zu lassen. Die Steinpilze zufügen, andünsten, mit Petersilie, Salz, Pfeffer und Zitronensaft würzen und auskühlen lassen. Erneut etwas Öl erhitzen. Zwiebel, Sellerie und Schinken darin anschwitzen, aber auch keine Farbe nehmen lassen. Kalt stellen.

Die Bratwurstmasse mit dem ausgedrückten Brot, der Pilz- und der Schinkenmasse sowie Reis und Kräutern in einer Schüssel zur homogenen Masse vermischen. Mit Salz, Pfeffer und Muskat abschmecken, in die Tomaten füllen und dabei oben etwas anhäufen.

Restliches Olivenöl in ein Tongeschirr geben, die Tomaten nebeneinander hineinstellen und in den 170 Grad heißen Ofen schieben. Nach 40 Minuten die Temperatur auf 150 Grad herunterschalten, die Tomatensauce zufügen und die Tomaten häufig damit übergießen. Weitere 40 Minuten garen. 10 Minuten vor Ende der Garzeit die Tomatendeckel auflegen und die Oberhitze auf 220 Grad erhöhen.

Für die Tomatensauce 3 EL Öl erhitzen. Sellerie und Knoblauch darin anschwitzen, das Tomatenpüree samt Kräutern und Würfelzucker zufügen, salzen, pfeffern und das Tomatenfruchtfleisch unterrühren. Alles zur Sauce kochen lassen, durchpassieren und abschmecken. Das restliche Öl erhitzen, die Zwiebeln darin anschwitzen und mit der Tomatensauce aufgießen. Köcheln lassen, bis die Zwiebeln gar sind, aber nicht zerfallen.

Die Tomaten vor dem Servieren 5 Minuten ruhen lassen, dann mit der Sauce auf vorgewärmten Tellern anrichten. Nach Wunsch mit etwas Pesto und frittiertem Basilikum garnieren.

Dazu schmeckt am besten ein feines Kartoffelpüree.

Eckart Witzigmann –
Über den Umgang mit einem Genie

Madeleine Jakits

studierte Anglistik und Germanistik in Hamburg, wurde dann Redakteurin in der deutschen Redaktion der 'Time Life'-Bücher und wechselte von dort ins Food-Ressort der 'Brigitte'. Nächster Wechsel 1988: Madeleine Jakits wird Redakteurin bei DER FEINSCHMECKER, dort 1994 Textchefin und stellvertretende Chefredakteurin. Seit 1997 ist M. Jakits Chefredakteurin und seit 2000 Chefredakteurin der Schwesterzeitschrift WEIN GOURMET

Teamwork: Eckart Witzigmann und Madeleine Jakits bei der Fotoproduktion

Eckart Witzigmann ist ein Phänomen – auch für Redakteure und Fotografen! Man weiß nie, wie die geplante Geschichte am Ende ausgeht, Konzept hin oder her. Denke ich zurück an den Anfang unserer Zusammenarbeit für den FEINSCHMECKER, dann schwant mir, dass es mir da nicht viel anders erging als einst manchem seiner Köche und Lehrlinge: Es war meine erste Erfahrung mit einem Genie. Und da kann man nur alles falsch machen. Zum Beispiel, indem man für das Projekt „Junges Gemüse", wie ich im Jahr 1997, von Eckart Witzigmann beizeiten Rezeptideen, besser noch fertig ausgearbeitete (!) Rezepte erbittet. Ja, lachen Sie nur, Sie, die ihn schon viel länger kennen. Ich bin auch schlauer inzwischen. Und weiß, dass le chef auf solche Ansinnen entweder gar nicht reagiert oder aber „stocksauer!" wird. Das Echo ist vernehmliches GG (Gasteiner Gegrantel), im eigentlichen Wortlaut nicht zu verstehen, schon gar nicht am Telefon. Da muss man tapfer bleiben.

Es kam dann, wie es kommen mußte: Am ersten Morgen unserer Fotoproduktion – sie sollte, wie alle weiteren 17 Folgen von „Junges Gemüse" auch, in Witzigmanns Münchner Wohnung stattfinden – wußte dort keiner richtig Bescheid. Rezepte? Nein, gäbe es nicht. Zutaten? Müssten noch besorgt werden. Immerhin stand fest: Spinat, Spargel und Erbsen sollten Hauptrollen spielen. Und der Herr Witzigmann? Der mache sich gerade fertig. Es lag Spannung in der Luft. Gewitterluft.

Immerhin waren drei Leute anwesend, für die solche diffusen, ja unheilvollen Situationen nicht unvertraut waren: Patrik Jaros, einst Souschef in der *Aubergine* (und bei diesen Produktionen wieder), sowie Françoise Black, die seinerzeit die Verantwortung für die Dekorationen und Blumen in Witzigmanns Restaurant hatte; in feuerroten Gummihandschuhen verbreitete sie hier Optimismus beim Abwaschen und Aufräumen. Und dann war da noch Christian Teubner, der unerschütterliche Fotograf der Gemüse-Serie: Er war vergnügt, obgleich seine ganze Fotoausrüstung zu Fuß in den fünften Stock zur Wohnung gehievt werden musste – wie später auch die Lebensmittelgebirge, die der Meister für die neun abzulichtenden Gerichte herbeischleppen ließ.

Mit finsterer Miene nahm Eckart Witzigmann gegen Mittag an seinem Esstisch Platz, schob ungezählte Quittungen hier hin, dort hin, wühlte in einem Blätterwald seiner handschriftlichen Ideenskizzen (diese schöne Handschrift! Immer wie gestochen, da lässt sich E.W. von nichts und niemandem zum Hudeln verleiten). „Wenn er das Denken anfängt, dann knistert alles", hat Tirols Schnapsbrenner Rochelt mir mal seinen Freund Eckart treffend beschrieben. Und so war es auch hier, angesichts von Spinat, Spargel und Erbsen, die, bittschön, in Geniestreiche zu verwandeln seien.

Langes Brüten, immer wieder wildes Umherirren in der Wohnung. Und dann ein Blick in die andächtige Runde: „So, was machen wir denn jetzt?" Gute Frage, dachte ich, die hatte ich vor Wochen ja auch schon gestellt. Das mochte heiter werden. Ich riskierte eine Lippe und deutete Vorschläge an. Da kam Bewegung ins Spiel: Nein, nein, so ja nun gar nicht! Man könnt' vielleicht... Habt's ihr mal ein Glas Champagner? Erbsen? Wär' aber nicht doch vielleicht etwas mit Pilzen besser? Und wieso überhaupt Spinat? Sind eigentlich auch Mangos da? Oui, chef, alles da! Patrik Jaros pfiff unbeeindruckt ein Liedchen, wusch natürlich schon mal den Spinat, schälte unverdrossen Spargel, köchelte Fonds, handelte vorausschauend. Ein junger Mann mit Erfahrung im Umgang mit dem Genie.

Eckart Witzigmann, das dämmerte mir peu à peu, hatte sich im Stillen längst auf diese Arbeit vorbereitet – aber eben auf seine Art: Rund 250 wenn nicht 300 Ideen waren da in seinem Kopf, die nun geordnet, begutachtet, verworfen werden mussten. Entscheidungs-Notstand. Werfen Sie mal 250 Ideen in den Orkus und filtern gerade mal neun Stück heraus! „Er ist ein großer Zweifler", so Françoises liebevolle Anteilnahme. Das Problem: Es könnte immer noch ein besseres Rezept geben! (Wie wahr: Wochen später,

Schluck! – Genüsslich richtet Eckart Witzigmann zarten Spinat an, der so verlockend aussieht, dass man sich wundert, wie ruhig Christian Teubner an seiner Kamera bleibt. Doch der ist's gewohnt, schließlich haben beide schön öfters miteinander gearbeitet

Fotoproduktion unter freiem Himmel. Um den mediterranen Köstlichkeiten das richtige Licht zu geben, reist das gesamte Team nach Mallorca. Patrik Jaros, Witzigmann-Schüler und später sein Nachfolger als Küchenchef der Aubergine, ist hier wie damals der zuverlässige Partner des Chefs

kurz vor der Drucklegung, rief mich Eckart in der Redaktion an: Sicher könne man die Rezepte doch noch einmal ändern, vielleicht sogar neu fotografieren? Also zunächst mal die Sache mit dem Erbsencurry, die müsste man ganz anders aufziehen…)

Der schöpferische Akt ist qualvoll, das war am lebenden Beispiel hier gut zu sehen. Und doch: Alles wurde gut. Denn mit einem Mal stand le chef am Herd, die Schürze energisch um den Bauch gezurrt und im Blick Entschlossenheit: Jetzt geht's los! Von nun an brutzelte er hier Feingewürfeltes, zupfte da etwas Grünes zurecht, prüfte dort mit liebevoller Hand ein paar Shiitake-Pilze, lupfte zufrieden einen Topfdeckel, verlangte mehr Fond, sortierte Erbsen in schöne und weniger schöne Exemplare – selbstvergessen wie ein spielendes Kind in der Sandkiste. Es ging mir nahe zu sehen, wie glücklich Eckart Witzigmann war, als er kochte. Diese stille Zufriedenheit, als alles endlich im Fluss war und die Eingebungen ihren Weg zu köstlichen Ergebnissen fanden. Diese Zartheit im Umgang mit Lebensmitteln. Und die Freude, mit der er sich selbst belohnte: Habt's ihr noch mal ein Glaserl Champagner?

Eckart Witzigmann ist dem Sternzeichen nach ein Krebs; und ein ziemlich typischer: schwer zu fassen, wenn er einem seitwärts davonläuft und sich unter einem Stein verkriecht; und auch mal widerborstig, wenn man versucht, ihn mit gutem Zureden wieder hervorzulocken – aber immer ein mitreißender Mensch, wenn er mit freudig ausgebreiteten Armen schnurstracks auf sein Ziel zueilt. Genial, bacchantisch. Und einfach herzerwärmend.

Alles Liebe,
Deine Madeleine

Eckart Witzigmann –
Gezeichnet

Horst Bork

Freund und Berater Eckart Witzigmanns

Das *Aubergine* wurde optisch generalüberholt. Neue Tische und Stühle, Vorhänge und Teppiche und als Krönung wunderbare Wand- und Deckenmalereien. Die Bar wurde vom ersten Stock in die Nähe des Küchenausganges im Erdgeschoß verpflanzt, der Eingangsbereich komplett umgestaltet. Anders gesagt: Das *Aubergine* war runderneuert – bis auf die Küche. Dort herrschten weiter drangvolle Enge und satanische Hitze, und der Chef stand wie all die Jahre zuvor am Paß, eine Flasche Pol Roger in Sicht- und Griffweite.

Um die Runderneuerung unter das hungrige Volk zu bekommen und zugleich darzustellen, dass dieses Haus trotz aller Turbulenzen außerhalb der Küche auch zukünftig das Flaggschiff der deutschen Spitzengastronomie bleiben sollte, hatte man am Tage der Wiedereröffnung zu einer Pressekonferenz eingeladen. Lokale, regionale und nationale Federn hatten ihr Kommen angekündigt, Kamerateams ungezählter Stationen reisten an. Neben einer Führung und einem opulenten Mittagsmahl sollte eine kurze Ansprache von Eckart Witzigmann der Höhepunkt der Wiedereröffnung sein.

Einige Tage vor dem Ereignis bat er mich, einige Punkte für seine Rede zu skizzieren. Wesentlicher Bestandteil war der Dank an alle ehemaligen und zukünftigen Mitarbeiter, insbesondere jedoch an die zahlreichen Köche, die im Laufe der *Aubergine*-Jahre mit ihm am Herd standen. Sinngemäß stand in Eckart's Manuskript: „Ich bin stolz, dass über viele Jahre hinweg zahlreiche Köche aus ganz Europa im *Aubergine* zu dem geworden sind, was sie bis heute in anderen oder eigenen Betrieben mit großem Erfolg fortsetzen und ihr Wissen einer neuen Generation von Köchen weitergeben. Ich freue mich sagen zu können, dass diese Köche von mir geprägt wurden."

Zehn Minuten nach dem Erhalt meines Textes war Eckart am Telefon: „Du, das paßt alles ganz hervorragend. Nur ein Wort würde ich ändern. Ich habe sie nicht geprägt, sondern gezeichnet."

Horst Bork, seinerzeit Falco-Manager, bei der Premiere des Musicals „Falco meets Amadeus", für das er heute noch alle Rechte hält. Unten mit Gattin Marianne bei einer Geburtstagsfeier auf Schloss Hexenagger, bei dem Eckart Witzigmann und Hans Haas für kulinarische Hochgenüsse rund um die Ente sorgten

Gedünstetes Hähnchen mit Kopfsalat

Zutaten für 4 Personen

Für das Hähnchen:

1 küchenfertiges Bauernhähnchen
von etwa 1,2 kg
Salz, weißer Pfeffer aus der Mühle
4 EL Kreta-Olivenöl
20 g Butter
1 Kopfsalat (mittelgroß)
1/2 Bund glatte Petersilie
120 g ausgelöste junge Erbsen

Für den Zitronen-Sabayon:

2 Eigelb
2 EL Garflüssigkeit vom Hähnchen
3 EL trockener Weißwein
Saft von 1 Zitrone
1 Msp. fein geriebene unbehandelte
Zitronenschale
Salz, Zucker
2 EL Sahne, steif geschlagen

Das Hähnchen innen und außen waschen, gut abtrocknen und in 4 Teile schneiden. Diese salzen und pfeffern. Olivenöl und Butter in einer ofenfesten Pfanne erhitzen und die Hähnchenteile darin rundherum bei mittlerer Hitze anbraten. Etwas Wasser angießen und die Hähnchenteile zugedeckt im auf 180 Grad vorgeheizten Ofen langsam dünsten.

Den Salatkopf vom Strunk befreien, in Blätter zerpflücken, waschen und trockenschwenken. Petersilie hacken.

Die Erbsen ganz kurz in kochendem Salzwasser blanchieren, abschrecken und abtropfen lassen.

Für den Zitronen-Sabayon Eigelb mit Garflüssigkeit und Weißwein in einen Schlagkessel oder eine Metallschüssel mit rundem Boden geben und über dem Wasserbad schaumig aufschlagen. Mit Zitronensaft und -schale, Salz und Zucker pikant abschmecken. Aus dem Wasserbad nehmen und unmittelbar vor dem Servieren die geschlagene Sahne unterheben.

Die Hähnchenteile auf vorgewärmten Tellern anrichten. Die Erbsen mit dem Kopfsalat und der Petersilie in den Schmorfond geben und kurz durchschwenken. Alles zu den Hähnchenteilen geben, mit Zitronen-Sabayon begießen, mit etwas Schmorfond beträufeln und sofort servieren.

217

Wachteln mit Wacholder und Zitrusfrüchten

Zutaten für 4 Personen

Für die Marinade:

20 Wacholderbeeren
1 EL Korianderkörner
2 Lorbeerblätter
1 Knoblauchzehe, in Scheiben geschnitten
1/2 Bund Koriandergrün, grob zerschnitten
1/2 TL Zitronenschale, fein gehackt
1/2 TL Orangenschale, fein gehackt
1 Knoblauchzehe, fein gewürfelt
Saft von 1 Zitrone
Saft von 1/2 Orange
4-6 EL Kreta-Olivenöl
1 Zweig Thymian

Für die Wachteln:

4 küchenfertige Wachteln von je 250 g
Salz, schwarzer Pfeffer aus der Mühle
4 EL Kreta-Olivenöl
12 Wacholderbeeren
1/2 junge Knoblauchknolle, in Scheibe geschnitten
1 Zweig Thymian
2 Lorbeerblätter
je 1 unbehandelte Zitrone und Orange, in Stücke geschnitten
100 g schwarze Oliven

Für die Marinade die Wacholderbeeren, Korianderkörner und Lorbeerblätter im Mörser zerstoßen. Dann mit Knoblauch, Koriandergrün, Zitronen- und Orangenschale sowie Zitronen- und Orangensaft, Olivenöl und Thymian mischen.

Die Wachteln waschen und abtrocknen. Mit einer Geflügelschere rechts und links des Rückgrats entlangschneiden und es zusammen mit dem Hals entfernen. Den Brustteil flach auseinanderklappen (wie ein Schmetterling). Die Enden von den Beinchen sauber schaben und in die Haut stecken. Die Hautseite der Wachteln nach unten legen und die aufgeklappte Innenseite großzügig mit der Marinade bestreichen. Mit Klarsichtfolie abdecken und über Nacht im Kühlschrank marinieren.

Die Wachteln aus der Marinade nehmen, trockentupfen und auf beiden Seiten salzen und pfeffern. Die Marinade beiseite stellen.

Das Olivenöl in einem gusseisernen Topf erhitzen und die Wachteln mit der Brustseite nach unten hineinlegen. Wacholderbeeren, Knoblauch, Thymian und Lorbeerblätter zufügen. Die Wachteln im auf 230 Grad vorgeheizten Ofen etwa 10 Minuten anbraten und dabei öfters mit dem Bratfett begießen. Seitlich etwas Wasser angießen, die Wachteln umdrehen und weitere 5 Minuten garen. Auch dabei häufig übergießen, die Zitronen- und Orangenstücke zufügen und die Oliven kurz darin erwärmen.

Die Wachteln mit den Zitrusstücken und Oliven auf einer vorgewärmten Platte anrichten und den Fond darauf verteilen.

Cheesecake mit Himbeeren und Puffreis

Zutaten für 4 Personen

450 g frische Himbeeren
100 g Puderzucker
400 g tiefgekühlte, aufgetaute Himbeeren
3 Blatt weiße Gelatine, eingeweicht

Für die Quarkmasse:

250 g Quark
100 g Crème fraîche
Saft von 1 Zitrone
fein geriebene Schale von 1 unbehandelten Orange
3 1⁄2 Blatt weiße Gelatine, eingeweicht
4 TL Orangenlikör
175 g Sahne, steif geschlagen
2 Eiweiß
2 gehäufte EL Zucker

Außerdem:

4 karamellisierte Puffreisscheiben von 9 cm Durchmesser
(Scheiben in heißem, flüssigem Zucker schwenken)
Minzeblättchen zum Garnieren

Die frischen Himbeeren mit 20 g Puderzucker locker mischen und beiseite stellen.

Für das Himbeergelee die aufgetauten Himbeeren mit dem restlichen Puderzucker im Mixer grob pürieren und in ein feines Sieb geben. Den Saft abtropfen lassen und auffangen, nicht drücken. Davon 2 EL zum Garnieren abnehmen und beiseite stellen

2 EL Himbeersaft erhitzen, 3 Blatt Gelatine ausdrücken, darin auflösen und die Mischung in den übrigen Saft einrühren. Ebenfalls beiseite stellen.

Für die Quarkmasse Quark, Crème fraîche und Zitronensaft glatt miteinander verrühren. Die Orangenschale zufügen. Die Gelatine ausdrücken und im erwärmten Orangenlikör auflösen. Unter den Quark rühren und die geschlagene Sahne locker unterheben.

Eiweiß mit 1 gehäuften EL Zucker halb steif schlagen. Dann nach und nach den restlichen Zucker einrieseln lassen und weiterschlagen, bis der Eischnee steif und glänzend ist. Danach unter die Quarkmasse ziehen.

Die Puffreisscheiben in etwa 3 cm hohe Metallringe setzen und mit der Hälfte der Quarkcreme bedecken. Das Himbeergelee darauf verteilen und die übrige Quarkcreme einfüllen. Die Oberflächen glatt verstreichen und die Cheesecakes 1 1/2 Stunden gut durchkühlen lassen.

Vor dem Servieren die Metallringe entfernen, die Quarkcreme mit den frischen Himbeeren belegen und mit dem übrigen Himbeersaft beträufeln. Mit Minzeblättchen und nach Wunsch zusätzlich mit etwas schaumig geschlagener Sahne garnieren.

Limetten-Parfait mit Caipirinha-Gelee

Zutaten für 4 Personen

Für das Limetten-Parfait:

2 Eier
2 Eigelb
80 g Zucker
200 ml Limettensaft
abgeriebene Schale von 2 Limetten
Saft von 1 Limette
1/4 l Sahne, steif geschlagen

Für das Caipirinha-Gelee:

2 Limetten
50 g brauner Zucker
100 ml Limettensaft
100 ml Läuterzucker
50 ml Pitú (weißer Rum aus Brasilien)
2 1/2 Blatt weiße Gelatine

Zum Anrichten:

1 1/2 Orangen
1 1/2 Blutorangen
1 1/2 Limetten
brauner Zucker zum Bestreuen

Die Eier mit dem Eigelb schaumig aufschlagen. Den Zucker mit dem Limettensaft bis zum Faden (108° C) kochen lassen und unter ständigem Schlagen langsam in die Eimasse einlaufen lassen. Die abgeriebene Limettenschale und den frischen Limettensaft darunterrühren und zum Schluß die steif geschlagene Sahne locker darunterheben. Die Parfaitmasse etwa 2 cm hoch in eine eckige Form einfüllen und gefrieren lassen.

Für das Gelee die Limetten waschen, abtrocknen und zerschneiden. Mit dem braunen Zucker bestreuen und sehr gründlich zerstoßen. Limettensaft, Läuterzucker und Pitú untermischen und alles zugedeckt 2-3 Stunden ziehen lassen.

Die Gelatine einweichen. Den Caipirinha abpassieren und etwas davon erwärmen. Die ausgedrückte Gelatine darin auflösen, unter den übrigen Caipirinha rühren und über Nacht kalt stellen.

Zum Anrichten die Zitrusfrüchte waschen und abtrocknen. Je 1 Orange, Blutorange und Limette schälen und filetieren. Die Hälften jeweils in sehr dünne Scheiben schneiden.

Das Limetten-Parfait vor dem Servieren in Dreiecke teilen, jeweils 2 Seiten mit braunem Zucker bestreuen und mit dem Bunsenbrenner abflämmen. Mit dem leicht gelierten Caipirinha-Gelee und den Früchten anrichten und sofort servieren.

Eckart Witzigmann –
Mehr als Sachverstand und Weitblick

*E*ckart Witzigmann hätte guten Grund, sich als unverstandenen Propheten zu fühlen. Bei jedem neuen Lebensmittelskandal, bei jeder BSE-Horrormeldung könnte er voller Ingrimm dem Volk entgegenschleudern: „Ich hab's immer schon gesagt. Ihr habt nicht auf mich gehört!"

1986 gehörte Witzigmann mit seinen Kollegen Pierre Romeyer aus Belgien, Paul Bocuse aus Frankreich, Myrtle Allen aus Irland und EG-Präsident Jacques Delors zu den Gründern der 'Eurotoques', der Europäischen Union der Spitzenköche. Diese ursprünglich europäische Verbindung vereint heute mehr als 3200 Küchenchefs aus fast allen Ländern der Erde. Ihr oberstes Ziel ist die Erhaltung der Ess- und Lebenskultur, die sie durch die veränderten Ernährungsgewohnheiten im Zeitalter von Fastfood, Fertiggerichten und Globalisierung der Märkte gefährdet sieht. Schon früh warnten Witzigmann und seine Kollegen, dass durch diese Entwicklung die

Die Präsidentschaft wechselt bei Eurotoques turnusmäßig. Nach Pierre Rohmeyer, dem Initiator und Gründungspräsidenten, übernahm Paul Bocuse den Vorsitz. Darum trägt er als Einziger auf dem Bild keine „toque", wie das Standeszeichen der Köche, die Kochmütze, in Frankreich heißt. Seit Januar 2000 ist Gualtiero Marchesi Europa-Präsident. Jedes Land hat zudem eigene Präsidenten; in Deutschland ist es zur Zeit Ernst-Ulrich Schassberger

frischen Produkte der Regionen in den Hintergrund gedrängt und traditionelle Rezepte und Zubereitungen in Vergessenheit geraten könnten. Dem wollten sie entgegenwirken: Köche aus ganz Europa schlossen sich zusammen, um unverfälschte, frische und hochwertige Qualitätsprodukte zu fördern, traditionelle Erzeuger zu unterstützen und die kulinarischen Traditionen Europas zu erhalten, andererseits aber auch Missstände öffentlich zu benennen. So setzt sich 'Eurotoques' u.a. für

die klare Kennzeichnung von gentechnisch veränderten Nahrungsmitteln oder naturidentischen Geschmacksstoffen ein. Tiermehl an Wiederkäuer zu verfüttern, ist mit der Selbstverpflichtung der 'Eurotoques' schlechterdings unvereinbar. Witzigmann formuliert das so: „Wir müssen den Tieren endlich wieder das zu fressen geben, was sie gefressen haben, bevor der Mensch schwerpunktmäßig an seinen Profit dachte.' Aber er gibt nicht nur Züchtern, Produzenten und Politikern die Schuld, er fühlt auch dem Verbraucher auf den Zahn, der Unvereinbares von einem Produkt fordert: Schnell – gut – billig soll es sein. „Dabei sagt einem doch der gesunde Menschenverstand, dass immer nur zwei von diesen drei Wünschen erfüllt werden können." Der Ausweg, den er aus diesem Dilemma vorschlägt, ist durchaus konservativ: „Produkte wie Fleisch werden nicht mehr alltäglich sein – so wie das vielen noch von früher bekannt ist. Dafür werden sie wieder besser schmecken – wie einige das noch von früher gewohnt sind."
Doch gerade das Geschmacksempfinden ist ein Problem für die zukünftige Esskultur. Kinder, die (fast) nur mit Fastfood aufwachsen, können Basilikum nicht von Knoblauch unterscheiden. Industriell gefertigte Aromastoffe bestimmen ihre Geschmackswelt, den Duft unverfälschter Naturprodukte kennen sie oft nicht. In vielen Ländern gibt es (auch von 'Eurotoques' gestaltet) Geschmacksunterricht für 8-12 Jahre alte Schüler. „Ich höre, dass diese Kurse gute Ergebnisse bringen. Aber das nützt nichts, wenn die Kinder nicht zu Hause richtiges Essen auf den Tisch bekommen. Dort werden die Grundlagen geschaffen."

Eckart Witzigmanns Vision für das kulinarische 21. Jahrhundert sieht einen neuen Typus von Feinschmecker „der mehr auf Ernährung, Gesundheit und Figur achtet. Der perfekte Genuss vereint gutes Essen und das Gefühl, etwas Positives für den Körper getan zu haben." Deshalb fordert er von seinen Kollegen: „Der Koch der Zukunft muss ernährungswissenschaftliche Erkenntnisse umsetzen. Der gesundheitliche Aspekt spielt nicht nur bei all den Diäten eine Rolle, er wird auch beim Genießen immer wichtiger."
Die Crossover-Küche, die ohne falsche Bedenken kulinarische Traditionen aller Kontinente mischt, geht einen Schritt in diese Richtung. „Hier stehen nicht Luxusprodukte im Mittelpunkt, sondern die überraschende Kombination von Zutaten. Crossover muss Witz haben, frisch sein und von bester Qualität, es soll auch möglichst nicht dick machen", hat er in seinem Buch über diese Küche geschrieben. Nur an einem Dogma hält Eckart Witzigmann fest: „Die Harmonie der Aromen ist

„Die Zukunft vorhersagen, kann ich nicht. Aber ich erkenne Trends. Ich sehe, dass sich für die Gastronomie einiges grundlegend ändern wird", sagt Witzigmann. Den Wandel sieht er im technischen und organisatorischen Bereich ebenso wie in den neuen Ansprüchen der jungen Gäste-Generation

das Einzige, was zählt." Er trauert nicht einer angeblich guten, alten Zeit nach, in der alle Welt ehrfürchtig nach Frankreich blickte. Er ist noch immer genauso frankophil wie seinerzeit in Illhaeusern, aber völlig unsentimental sagt er voraus: „Der Einfluss der französischen Küche wird kleiner werden." Kulinarischen Denkmalschutz hält er nicht für nötig: „Regionale Küche wird sich nie verdrängen lassen, solange sie gut und authentisch ist."

Um die Zukunft der Spitzengastronomie macht sich der Koch des Jahrhunderts wenig Sorgen, sieht allerdings einige Veränderungen auf sie zukommen. Der 'Frankfurter Allgemeinen Zeitung' hat er erklärt: „Für Geschäftsessen, die früher steuerabzugsfähig im Restaurant stattfanden, trifft man sich heute in den Vorstandscasinos der Konzerne, wo angestellte Spitzenköche arbeiten. Andererseits mutiert das Restaurant an sich immer mehr von einem Ort des reinen Genießens zu einem Ort des Gesehen-Werdens. Gerade die jüngere Generations sucht Lokale auf, die schick und hip sind. Köche mit vollen Reservierungsbüchern müssen mehr als nur gut kochen. Sie müssen gleichzeitig eine Welt des Glamours und des Starkults um sich inszenieren."

Mit dieser Forderung weicht Witzigmann jedoch keine Messerrückenbreite von seinen Prinzipien ab. „Dieses In-Sein-Wollen verführt dazu, in erster Linie sogenannte Edelprodukte zu verarbeiten. Heute scheint kaum noch einer zu wissen, dass eine Wachtel außer ihren Schenkeln auch einen Körper besitzt und dass ein Lamm nicht allein aus dem Rücken besteht. Und wer versteht es noch, Innereien, Mehlspeisen oder andere 'ganz normale' Gerichte korrekt zuzubereiten? Aber durch mangelndes Wissen entsteht ein Mangel an Vielfalt." Dass heute, selbst in der gehobenen Gastronomie, immer mehr vorgefertigte Produkte verwendet werden, kommt erschwerend hinzu, denn „es schafft ganz sicher keine engere Bindung zum Produkt." Darum liegt ihm der Nachwuchs besonders am Herzen. „Die jungen Leute müssen grundlegend geschult werden. Natürlich müssen sie wissen, wie man etwas präsentiert. Aber Voraussetzung ist erst mal detailliertes Wissen über das Produkt."

Gutes Personal zu bekommen, ist schwierig. Die Arbeitszeiten und die körperlichen Belastungen in der Spitzengastro-

nomie sind höllisch, die Gehälter nicht umwerfend. Darum wird es in Zukunft weniger Mitarbeiter geben. Also muss sich der Küchenchef mit personalsparenden Geräten und Techniken auseinandersetzen, was beim Konvektomat anfängt und beim Computer aufhört. Das ist nicht unbedingt ein Nachteil. Ist der Koch technisch versiert, kann er auch so gute Resultate erzielen – doch vorher muss er umlernen.

Auch aus diesem Grund ist es Eckart Witzigmann ein echtes Anliegen, dass die Kochkunst keine vergängliche Kunst wird. Im August 2000 gründete er mit neun weiteren namhaften Persönlichkeiten (vorrangig aus der Gastronomie; wie etwa Andreas Pflaum und Vincent Klink) das GERMAN CULINARY INSTITUTE, das Deutsche Institut für Kulturwissenschaft des Essens. Vorsitzender ist Prof. Dr. Alois Wierlacher. Dies Institut macht es sich zur Aufgabe, angestammte Gerichte, Kochtechniken und Ess-Sitten zu kultivieren und zu archivieren und möchte europaweit, vielleicht sogar weltweit eine kulinarische Akademie installieren. Ein interdisziplinärer Lehrplan, die ständige Einbindung von Gastköchen und eine einschlägige Forschung auf kulturwissenschaftlichem Gebiet sind einige der Maximen dieser Akademie.

Für seine eigene Zukunft als Koch sieht Witzigmann noch lange nicht den Schlusspunkt. Immer wieder gerät er in Stimmungen, in denen er das eigene Restaurant und die eigene Brigade vermisst. Ideen, was er noch machen könnte, hat er genug. Aber er weiß viel zu gut, in welches Korsett er sich zwängt, wenn er wieder täglich am Herd steht. Dann wäre er wieder seinem eigenen, gnadenlosen Perfektionismus ausgeliefert. Und die Gäste würden ihn an der *Aubergine* messen, egal wo und wie er kochen würde. So ist es vielleicht nur eine kleine Flucht im Kopf. Eine Idee, die möglicherweise nie Realität werden wird. Aber nicht nur einmal hat Eckart Witzigmann darüber gesprochen: Wie es wohl wäre, in New York ein richtig gutes österreichisches Restaurant zu eröffnen...

„Nur wer die Natur liebt, kann ihre wunderbaren Produkte wirklich schätzen. Nur wer Achtung vor dem Produkt hat, kann gute Küche mit allen Sinnen genießen. Dieses Wissen müssen wir für die Zukunft sichern! Es liegt in unserer Verantwortung, die alten Werte der Ess- und Kochkultur zu bewahren und zu pflegen!"

Danksagung

Man sagt zwar immer, der Erfolg hat viele Väter … In meinem Fall hatte der Erfolg mindestens eine ganz phantastische Mutter, meine Frau Monika, die Mutter unserer Kinder Véronique und Max.

Außerdem hatte ich das Glück, meine gute Freundin Ingrid an der Seite zu haben, die mir mit Kraft, Herz, Seele, Geist und Verstand in guten und in schlechten Zeiten geholfen hat – Danke!

Diese Tatsachen haben mich dazu bewogen, aus der Danksagung lieber eine Damenrede zu machen – keine Danksagung im üblichen Sinne. Keine Danksagung, wie wir es von Oscar-Verleihungen kennen, wo ich auch noch dem letzten Pfannenhersteller danken müsste, dass meine Schnitzel aufgrund seiner hervorragenden Produktqualität nie angebrannt sind. Keine Danksagung, bei der am Ende mindestens 20 Menschen traurig sind, weil sie nicht namentlich gewürdigt wurden…

Nein, ich möchte an dieser Stelle einfach allen Frauen danken, denn wie wir ja wissen, steckt hinter jedem guten Mann meist eine noch bessere Frau. Und schließlich haben alle Menschen Mütter, sonst wären wir nicht hier!

In diesem Sinne auf das Schönste auf dieser Welt: die Frauen, die Liebe und den Genuss! – Danke, dass ich alles erleben durfte!

Rezeptregister

Aal in Rotweinsauce mit Lauchzwiebeln	106
Apfelstrudel	67
Auberginen-Kaninchen-Ravioli	80
Auberginen-Roulade	80
Auberginen-Tatar	80
Auberginen-Ziegenkäse-Roulade im Tempurateig	80
Bacalao-Salat mit Kartoffeln	184
Briochebrösel	67
Cheesecake mit Himbeeren und Puffreis	220
Civet vom Wildhasen	126
Coca Mallorquina mit Auberginen-Tatar	180
Erdbeer-Himbeer-Dessert mit Vanilleeis	156
Fleischpflanzerl mit Kartoffel-Gurken-Salat	84
Gazpacho-Gelee mit Octopus	176
Gebratene Seezunge mit Venusmuscheln	112
Gedünstetes Hähnchen mit Kopfsalat	216
Gefüllter Ochsenschwanz	140
Gefülltes Kalbskotelett mit Chicorée	130
Gemischtes Gemüse à la Grecque	204
Gepökelte Ente auf Rübenkraut	144
Hechtschwanz mit Senfbutter und Kapern	108
Hummer im Auberginen-Blatt	80
Hummer mit Artischocken und Bohnenkernen	100
Kabeljau auf Speck-Linsen-Sauce	44
Kalbfleisch mit Thunfisch	60
Kalbsbries Rumohr	38
Kalte Entenkraftbrühe mit Roter Bete	196
Kaninchen à la Bouillabaisse mit Kartoffeln	190
Kaninchen-Cannelloni mit Artischocken	36
Komposition von Spargel und Krebsen	110
Lachs mit Meerrettichkruste	128
Lammkarree mit Bohnen und Tomaten	34
Lauchsalat mit Périgord-Trüffel	68
Lebkuchen-Soufflé mit Altbier-Sabayon	40
Legierte Kräutersuppe mit Wachteleiern	92
Leipziger Allerlei mit Geflügelklößchen	222
Limetten-Parfait mit Caipirinha-Gelee	96
Linsensuppe mit Wachteln	86
Makkaroni-Spirale mit Morcheln	66
Marillen-Palatschinken	80
Marinierte Auberginen mit Gambas	98
Marinierte Jakobsmuscheln mit Thunfisch-Tatar	88
Meeresfrüchte in Chablis-Gelee	174
Melonensalat mit Kaisergranat	136
Milchlamm mit Bärlauch	154
Mohnschmarrn mit Mango und Nüssen	66
Mohr im Hemd	158
Orangen-Schoko-Mousse mit Birne	

*P*aella	182
Paprikaschoten mit Couscous und Rosinen	206
Petersfisch, gespickt mit Lorbeeren	48
Pot au feu von Bresse-Tauben	146
*R*agout von Maronen	58
Rehmedaillons mit Selleriepüree	148
Rhabarber-Tartes	160
Rinderfilet mit Steinpilzkruste	56
Rinderschulter mit Salbei-Polenta	138
*S*panferkelrücken mit Sobrasada-Nudeln	198
Spargel mit Blumenkohl und Brokkolimus	208
Steinbutt auf Blattspinat mit zwei Saucen	46
Steinpilzsalat mit Gänseleber	82
*T*aubenbrust auf Artischockensalat	94
Thai-Auberginen mit Curry-Linsen	80
Tomaten mit Reisfüllung	210
Topfelknödel	67
*W*achteln mit Wacholder und Zitrusfrüchten	192
Waller im Riesling-Wurzel-Sud	
Wolfsbarsch mit Oliven-Pesto und Bohnenpüree	218
	50
*Z*ickleinleber mit Rosinen und Kapern	188
	124

Persönliche Beiträge

Arendt, Ingrid	
Ein Mensch, der viel zu geben hat	186
Bork, Horst	
Gezeichnet	215
Bosch, Paula	
Neue Küche – neues Interesse am Wein	52
Eichbauer, Fritz	
Der Mann, der das Tantris prägte	32
Jakits, Madeleine	
Über den Umgang mit einem Genie	212
Kastner, Georg W.	
Eine Geschichte über Qualität und eine qualitativ hochwertige Freundschaft	142
Kohnke, Manfred	
Schüler, die ihm Ehre machen	150
Mahr, Hans	
Der alte Mann und die Küche	194
v. Paczensky, Gert	
Man esse bei ihm Tafelspitz	62
Pireddu, Gesumino	
Perfekter Service für große Küche	90
Rochelt, Günter	
Das Streben nach Perfektion	122
Schumann, Charles	
Eckart, pick me endlich up	178
Thieme, Wolf	
Keine Heuschrecken im Tantris	42
Trebes, Klaus	
Ein Spaziergang über den Viktualienmarkt	132
Wagner, Christoph	
Der Meister der Meisterköche	70
Witzigmann, Max	
Ehrlich, das ist dein Vater?	200
Wodarz, Hans-Peter	
Das absolute Geschmacks-Gen	114
Ziemann, Hans Heinrich	
Ein Genie der Transformation	162

Bildnachweis:

Herbert Lehmann (Titel, 2, 9, 164, 173); Teubner Foodfoto GmbH (8, 143,171, 212, 213, 227); Emil Perauer (8, 123, 132, 153, 163); Wolfgang Schardt (9, 170); Isolde Ohlbaum (33); H.A. Kirkpatrick (33, 73); Winfried Rabanus (72); Heinz Gebhard (73, 168); Daniel Lefebvre (79, 168); Marcel Loli (102); Franz Hug (103); Fred Joch (103); Hermann Schulz (103); Foto-Sessner (103); Bernd Isemann (103, 115); Bécam (104); Timm Rautert (104); Simon (105); Michael Ebner (105, 152); Christine Strub (105, 169); Tassilo Trost (114); Thomann (116, 117, 118, 119, 121); Günther Reisp (117, 152); Baldev-Sygma (118, 120, 121); Mayer-Andersen (133, 134, 201); Thomas Schumann (133, 135, 143); Klaus Fischhold (134); BUNTE Illustrierte (151); Mariano Herrera (163); Pia Duesmann (167); Regina Pfeil (168); Hella Wolff-Saybold (168, 169); Eleana Hegrich (186); Sammy Minkoff (187); Mike Gallus (202); Günter Beer (214); P. Steiner (214); J. Brunerie (224); Illustration Aubergine: Oliver Rasper

Die verwendeten Bildquellen haben aufgrund ihres teilweisen hohen Alters trotz größter Sorgfalt häufig keine vollständige Urheberrechts-Identifizierung ermöglicht. Sollten daher mit der hier vorgenommenen Verwendung fremde Urheberrechte versehentlich übergangen sein, so werden die Berechtigten gebeten, sich an die eingangs genannte Produktion zu wenden.